Expedición
a los
MUNDOS PERDIDOS

Un viaje iniciático
hasta los rincones más fabulosos de la Tierra

Este libro fue publicado por mediación de Ute Körner Literary Agent, S. L. U., Barcelona - www.uklitag.com

© 2014, Juan Jesús Haro Vallejo
© Mado Martínez (coordinadora editorial)
© Editorial Odeón
Tlf.: (+34) 952 714 395
Fax: (+34) 952 714 342
Canteros 3-7 -29300- Archidona (Málaga). SPAIN
info@editorialodeon.com
www.editorialodeon.com

Editorial Odeón es un sello de © Ediciones Aljibe, S. L.
www.edicionesaljibe.com

I.S.B.N.: 978-84-9700-800-6
Depósito legal: MA 1776-2014

Diseño y maquetación: Al-Ophiucus XXII
Fotografías: © Juan Jesús Haro Vallejo
Texturas: © Elenadesign
Imágenes de cubierta: © Pichugin Dmitry, © Creative Travel Projects

Imprime: Imagraf. Málaga.

Esta obra, así como el contenido multimedia que la acompaña, está destinada exclusivamente para uso privado. Si desea hacer uso de la misma con fines lucrativos o de carácter público, deberá necesariamente solicitar una licencia destinada a tal efecto. Cualquier forma de reproducción, distribución, comunicación pública o transformación del contenido de esta obra en parte o en su totalidad, solo puede ser realizada con la autorización de sus titulares, salvo excepción prevista por la ley.

Juan Jesús Vallejo

Expedición a los MUNDOS PERDIDOS

Un viaje iniciático
hasta los rincones más fabulosos de la Tierra

Editorial ODEON

"Los que aseguran que es imposible no deberían interrumpir a los que estamos intentándolo"
Thomas Alva Edison

"Para Elena, @LadyAzagra, por llegar con su alma mucho más lejos de donde yo sólo pude llegar con mis pies"
El autor

*"Para Claudia,
por ser la luz que tos' los días alumbra mi camino"*
El autor

Índice

	Introducción	11
01.	El país imposible	15
02.	Los hijos del sol	43
03.	La tierra de Dios	77
04.	El país del Edén	107
05.	Los hombres que la selva se tragó	147
06.	Un mundo de arena y barro	183
07.	Los últimos hombres libres	212
08.	Caminando entre las nubes	252
09.	La memoria olvidada	288
10.	Más allá del hielo	328

Introducción

De niño soñaba con buscar ciudades perdidas... Jamás pensé que pudiera verlas. Ahora, sentado en mi despacho, busco viejos cuadernos de campo manchados por el polvo del desierto o por el tono rojizo del barro de la selva. Abro el cajón que tengo a mi derecha y veo brújulas de aceite y otras de metacrilato que sirven para cuadrar rutas sobre enormes mapas. A su lado las chapas de identificación que tantas veces llevé sobre mi cuello a lugares casi ignotos. El óxido ya las ha hecho inservibles. Sobre ellas está escrito mi nombre ahora borroso y mi grupo sanguíneo, AB +. Nunca pensé en el peligro cuando comenzaba un viaje hasta algunos de los mundos perdidos que podrán palpar en este libro. No porque me considere ningún valiente, simplemente estoy convencido de que no merece la pena vivir si no se lucha por los sueños. Mi sueño era recorrer el mundo para convencerme de que está repleto de lugares mágicos, muchos de ellos aún por descubrir.

Viajar no me ha hecho ni más feliz ni más triste que al resto de los hombres. Se convirtió sencillamente en una droga maravillosa de la que ya no creo que pueda desengancharme nunca. He escuchado el canto del muecín tocando la tumba de Saladino. Me he embriagado con el aroma del copal, el incienso sagrado de

Introducción

los mayas, en las impenetrables selvas de Nanciyaga. He buscado el mítico dorado en las abruptas junglas del Darién que marcan la frontera entre Panamá y Colombia. He sentido el rezo del Talmud mientras acariciaba las piedras del Templo de Salomón. Caminé junto a los míticos tuareg por las escarpadas montañas del Sahara siguiendo los restos de civilizaciones perdidas. Comprendí la magia de la naturaleza observando el arco iris al amanecer sobre el lago Titicaca. Me empapé de belleza la noche que me deslumbró el brillo majestuoso de la aurora boreal, más allá del Mar del Norte. Busqué, en definitiva, mundos que ya no existen, tesoros que el tiempo olvidó y he de reconocer que no he encontrado nada. Pero esto no me frustra en absoluto, todo lo contrario: me anima a seguir la marcha. A desempolvar mis botas, sacar de nuevo mis planes y mis mapas, pensando que lo importante no es hallar una meta, sino la magia del camino que nos acompaña. Y es que viajar es como vivir, lo único que vale es el presente, nadie sabe dónde estaremos el día de mañana.

Mi pretensión en este libro es que, al igual que un servidor, puedan viajar hasta un mundo fascinante repleto de misterio. Su billete de avión será un puñado de páginas en las que he intentado no sólo narrarles las maravillas que la historia nos legó, sino también dejar las sensaciones que se tienen en alguno de los lugares más desconocidos del planeta. Es un manuscrito hecho con el alma, no podría ser de otra manera. Mientras lo escribo ya tengo a mi lado los mapas de las selvas de Ecuador... mi próximo destino. No sé qué encontraré allí, pero de nuevo algo me empuja a desprenderme de las comodidades del hogar en busca de aventura. Es, en definitiva, el mismo sentimiento que lleva experimentando el hombre hace millones de años, y que nos ha convertido en la única especie capaz de poblar toda la Tierra. Descubrir cómo existen otros mundos que, sin embargo, están en éste. Fascinarme con las obras que otros nos dejaron e intentar comprender su críptico mensaje. Para entender que los dioses nos regalaron un hogar enorme y mágico. Sólo comprendiéndolo, tan sólo amándolo, descubriremos la esencia de su espíritu. Un alma que nos susurra que caminamos por un mundo donde no existe lo imposible.

01

El país imposible

Egipto es un enigma que te atrapa desde el aire. Desde la ventana del avión se ve un enorme desierto atravesado por la pincelada azul del Nilo. El mismo río que hoy da la vida a este paisaje yermo, hace miles de años alimentaba una red de zonas lacustres que convertían aquel lugar en un sitio ponzoñoso. Antes que los faraones, los reyes de estas tierras fueron los mosquitos y la endémica malaria. Pero la desertización hizo que las aguas se fueran apartando dando paso a uno de los vergeles más impresionantes del planeta.

01 El país imposible

Ya en tierra, El Cairo recibe al viajero como un auténtico caos que puede convertirse en la mayor de las torturas. Con más de veinte millones de almas repartidas de la manera más dispar, el gentío es una constante en la capital de Egipto. Miles de vendedores se agazapan prestos para perseguir a cualquier extranjero. El calor que se pega al asfalto provoca un bochorno casi irrespirable en los meses de verano. Pero es que sus visitantes se olvidan de que África es así, una bella anarquía capaz de atrapar el alma de un aventurero.

No recuerdo cuántas veces he estado en Egipto. La primera de ellas fue en compañía del doctor Fernando Jiménez del Oso, uno de los mayores comunicadores que jamás he conocido. Y él me alertó de que aquel país desastroso podría convertirse con el paso del tiempo en una droga adictiva de la que jamás podría desprenderme. No se equivocaba. Más tarde conocí a la familia Henry, dueños de la mayorista de viajes Hello Travel. Lo que comenzó como una relación comercial se fue tornando en una amistad que ha roto las barreras de la distancia. Siempre que llego a El Cairo me están esperando en el aeropuerto para ir hasta un callejón cochambroso de Jan El Jalili donde cenamos paloma asada y sopa hirviendo de la misma ave. Después aderezamos nuestra tertulia con el humo de la sisha, mientras los músicos ambulantes rascan del laúd notas capaces de transportarte hasta un jardín persa. Éste es mi ritual de bienvenida. Al día siguiente siempre acudo al mismo sitio. Un lugar que profundamente me atrae y me desconcierta, pues en él sucedió algo que jamás he podido explicarme. Algo que me demuestra que Egipto es un lugar mágico con mil rincones tan misteriosos o más que sus eternas pirámides. Y ese sitio no es otro que la diminuta iglesia de Santa María de Zeytum.

La virgen se aparece en un suburbio de El Cairo

Las mujeres a la derecha tapando su cabeza con un pañuelo blanco en el cual hay tejida una cruz de vivos colores. Los hombres a la izquierda y los niños campando a sus anchas por todo el templo mientras de fondo suenan unos extraños cánticos. Ir un viernes o un domingo a una iglesia copta para contemplar sus ritos supone inmiscuirse en uno de los cristianismos más puros de cuantos existen. No en vano, en el viejo país del Nilo se creó la primera escuela de catecismo del mundo, fue en concreto en Alejandría en el año 190 después de Cristo gracias al teólogo Pantaneo.

Los coptos, los cristianos ortodoxos egipcios, son los descendientes puros de los antiguos egipcios, ya que si alguno de sus miembros se casa con otra persona no cristiana es expulsado de la comunidad. Llevan pues sin mezcla étnica los últimos cinco mil años. Convertidos a la fe que corona la Cruz de Cristo, muchos de ellos no renunciaron a sus creencias cuando el Islam conquistó su país en el siglo VII. Durante mucho tiempo fueron perseguidos y obligados incluso a pagar un impuesto por su rebeldía. Hoy no existen cifras oficiales sobre su número exacto, aunque

es posible que superen los diez millones de fieles. Olvidados por el resto de credos cristianos en medio de un país musulmán, los milagros ocurridos en sus iglesias son algunos de los más espectaculares que se han dado a lo largo de la historia.

La primera vez que fui a la iglesia de Santa María de Zeytum no pude evitar poner una vela para que su luz ayudara a mis seres más queridos, y eso que les aseguro que soy un agnóstico convencido. Cientos de fieles que, como un rosario interminable de almas caminan por el pequeño templo y rezan susurrando sin parar. Personas anónimas se acercan continuamente hasta el manto donde está dibujada la virgen para besarlo y hacer peticiones en voz baja, mientras sus lágrimas corren por sus mejillas. En pocos lugares he respirado una fe y una paz como la que se siente aquí.

El Cairo con sus más de veinte millones de habitantes es la tercera ciudad más poblada del mundo, y también es sin lugar a dudas la más caótica que estos ojos han visto. El barrio de Zeytum, "las aceitunas" en castellano, es un suburbio donde su pequeña iglesia copta es como una mancha blanca en medio de cientos de edificios destartalados. Para entender lo fascinante y maravilloso de esta historia es necesario remontarse hasta el 2 de abril de 1.968. En una tranquila noche, donde nada presagiaba que se iba a producir algo extraordinario, un mecánico, Farouk Mohamed Atwa, de repente contempló atónito desde el taller en el que trabajaba, cómo una silueta luminosa caminaba por las cúpulas del diminuto templo que tenía enfrente. Salió sin pensarlo dos veces y junto a otras personas que pasaban por la calle Tumanbay, empezó a increpar a la mujer que caminaba por el techo de la iglesia, pues pensaban que era alguien que quería tirarse desde allí para acabar con su vida. Llamaron incluso a los bomberos para que estos efectuaran un rescate. Pero a los pocos minutos un grupo de cristianos coptos del barrio empezaron a exclamar: *"¡Es un milagro, la Virgen está ante nosotros!"*. El padre Constantín, reverendo de la iglesia, salió ante el alboroto y contempló con sus propios ojos el fenómeno inexplicable que todos observaban, dando parte poco después de lo sucedido a la iglesia copta, que no tardó en investigar a fondo el asunto. Este hombre de fe pudo ver además cómo al lado de la figura femenina aparecían dos palomas de luz que revoloteaban alrededor. Pocos minutos después, las figuras se desvanecieron como por arte de magia. Así comenzó la aparición mariana mejor documentada del siglo XX.

La primera persona que vio a la Blanca Señora era de fe musulmana, pero jamás podrá olvidar aquel día. Farouk Mohamed Atwa estaba trabajando en un taller mecánico como antes comentaba, cuando contempló una figura luminosa en la iglesia de Zeytum. Él fue el primero en alertar al barrio de lo que estaba sucediendo, pero pocos conocían que su salud pasaba por uno de los momentos más delicados de su vida. Arreglando un coche se pellizcó un dedo con la pieza del motor y las lamentables condiciones higiénicas que había en el lugar le provocaron a los pocos días una irreparable gangrena. A la mañana siguiente de la aparición, con su mano vendada Farouk fue al médico para que le amputasen la zona afectada. Pero el doctor que tenía que operarle quedó sorprendido al quitar las gasas que protegían su herida. Sin que nadie haya podido explicar jamás la causa, su enfermedad desapareció súbitamente sin que quedara secuela de ningún tipo en su dedo. Fue el primer milagro que la iglesia copta atribuyó a las apariciones de la virgen en este olvidado barrio cairota. Después vendrían muchos más, además de otros sucesos cuya naturaleza excepcional hizo que fuesen publicados en medio mundo.

Las cámaras captan el milagro

Las apariciones de la señora de luz duraron hasta 1.971, se daban de manera irregular, sin que nadie pudiera jamás predecir qué día o a qué hora iba a producirse el milagro. El caso es que se calcula que más de un millón de almas, de todas las religiones y estratos sociales, pudieron contemplarla. En las calles aledañas a la pequeña iglesia se llegaban a congregar algunas noches hasta ciento cincuenta mil almas esperando el milagro. Varios de mis amigos coptos, de niños, tuvieron la suerte de presenciar el milagro, hechos que me han contado con todo lujo de detalles. La aparición siempre empezaba de la misma manera, con un sutil

olor a incienso. Luego, sobre las cúpulas del templo iban surgiendo destellos de luz que algunos interpretan como palomas. Al final se iba formando desde una bruma una figura humana femenina que movía los brazos como si quisiera bendecir a los presentes. No hubo videntes ni contactados, ni nadie que sacase provecho económico de las apariciones. La virgen no dejó mensaje alguno, sencillamente parece que quiso recordar a su pueblo, en una época convulsa, que los milagros existen.

Pero si estas apariciones dieron la vuelta al mundo es porque son las únicas que han podido ser fotografiadas a lo largo de la historia. Fue en concreto el fotógrafo Wagih Rizk el que captó a la dama de luz, así como las palomas brillantes que aparecían a su alrededor. Este hombre sufrió un aparatoso accidente el 27 de junio de 1.967. Al intentar esquivar a un niño que cruzaba la carretera, su vehículo se empotró contra el arcén y parte de la carrocería le aplastó la parte izquierda del cuerpo. Su antebrazo quedó completamente destrozado con múltiples fracturas, además de un desgarro muscular generalizado. Tan sólo un trozo de piel y carne hicieron que no se le cayera al suelo. Fue atendido en el hospital de Mansheyat. Allí el doctor Sharif Beshara le reparó como pudo el miembro afectado, pero no consiguió que el accidentado recuperara la movilidad del mismo. El fotógrafo no se dio por vencido y acudió más tarde a dos prestigiosos cirujanos egipcios para ver si su enfermedad tenía alguna solución. Fueron en concreto los médicos Hassan Sennarah y Abdel Hay El-Sharkawy los que examinaron con detenimiento sus heridas y su diagnóstico fue en ambas ocasiones el mismo. Era imposible reparar los daños sufridos, aquel hombre estaba condenado de por vida a la invalidez. O al menos así pensaba la ciencia.

El día 13 de abril de 1.968 Wagih Rizk acudió hasta la iglesia de Santa María de Zeytum para intentar fotografiar el milagro que muchas noches acontecía sobre sus cúpulas, sin pensar que aquella madrugada cambiaría para siempre el resto de su vida. Fue a las tres cuarenta, cuando un penetrante olor a incienso hizo acto de presencia entre los miles de fieles que allí había congregados. Después una pequeña bruma luminosa apareció en lo alto del templo. A su alrededor aparecían súbitamente palomas brillantes. De repente, ante el asombro de todos, una mujer de luz ataviada con una túnica comenzó a moverse lentamente por los tejados. Era como si mirase a la multitud que allí se había congregado a la vez que movía sus manos en un gesto de bendición. El fotógrafo cogió su cámara, ajustó sus mandos a las condiciones nocturnas y disparó la primera instantánea. Con cierto temor por lo que estaba viendo, apuntó de nuevo y realizó la segunda foto. Cuenta que en ese instante la luz era tan fuerte que apenas podía poner su ojo en el visor. Y fue en ese momento cuando se percató de que había movido su mano izquierda para coger mejor la cámara. Sus fotografías llegaron a publicarse en todo el mundo, en diarios tan prestigiosos como *The New York Times*, que inmortalizó para siempre lo que estaba sucediendo en este arrabal de El Cairo. La historia de este hombre se hizo también muy famosa y la plasmó en un libro titulado *Ligth from heaven*, donde se recoge con todo tipo de detalles su accidente, las pruebas médicas y el milagro con el que fue premiado por intercesión de esta dama inexplicable.

Este no fue, sin embargo, el último milagro acontecido en Zeytum, según Hegemonos Boutros Gayed, rector del templo, otros fieles fue-

Expedición a los **mundos perdidos**

ron también tocados por la misteriosa luz de la dama de las cúpulas, tal y como algunos la bautizaron. De esta manera le relató a la prensa que una mujer que sufría cáncer de cuello y un médico que padecía diabetes le demostraron que sus enfermedades habían desaparecido sin explicación alguna.

Hasta nuestros días se pueden contar por cientos de miles los peregrinos que acuden hasta este templo buscando también su curación gracias a la intervención de la virgen, aunque no hay datos oficiales sobre la cantidad de milagros acontecidos en este lugar. Es muy difícil saber cuántos casos hay ciertos o si algunos de ellos son fraudulentos. Aunque lo cierto es que éste es, sin lugar a dudas, uno de los lugares más enigmáticos que hay sobre la faz de la tierra.

Ante la importancia de los fenómenos que estaban sucediendo en esta pequeña iglesia, el Papa Kirilos VI, patriarca de los coptos, mandó formar una comisión de investigación que esclareciera los hechos. Los sacerdotes encargados de indagar recogieron en su informe cómo aparecía la dama de luz, además de palomas brillantes que desprendían fuertes destellos ante miles de fieles sin que encontraran explicación para tales fenómenos. Las auto-

01 El país imposible

ridades egipcias no se quedaron atrás e incluso el presidente de Egipto Abdul Nasser, marxista declarado, acudió hasta el lugar viendo con sus propios ojos el milagro. La policía de la nación rastreó en quince kilómetros a la redonda por si alguien se encargaba de proyectar las imágenes. La electricidad de todo El Cairo fue cortada una noche, por si era un holograma lo que la gente estaba viendo, y ante el estupor de miles de personas la extraña figura volvió a presentarse.

> *Santa María de Zeytum tiene algo especial que remueve el alma humana.*

El cardenal católico de Egipto, Stephanos I, hizo también público el testimonio de una monja católica, la hermana Paula de Mófalo, que estuvo presente en una de las apariciones. Nadie fue capaz nunca de demostrar ni el más pequeño indicio de fraude, ni pudo jamás explicar por causas naturales lo que estaba sucediendo. ¿Las apariciones de Santa María de Zeytum son el mayor engaño urdido en el siglo XX o constituyen, al contrario, la prueba viva de que Dios se sigue acordando en la actualidad de su pueblo? Que cada uno lo juzgue de la manera más justa que crea oportuna.

Yo he de reconocer que la primera vez que fui hasta esta iglesia lo hice como periodista, pues conocía en cierta medida algunos de los hechos sobrenaturales que allí se habían producido y me interesaba contar esa historia. Ahora cada vez que regreso lo hago como ser humano, pues rezar en Zeytum me ayuda, me hace sentirme mejor persona. No me pregunten por qué (o el porqué), no sabría explicarlo. En Zeytum me impregno de algo que me ayuda a vivir, que me da fuerzas para seguir por mi camino cuando las cosas se tuercen. En este templo soy partícipe de la fe. De la fe en que existe en el universo algo ininteligible que nos cuida, que no se ha olvidado de nosotros. De la fe no sólo en Dios, sino de la fe en el hombre, pues en este lugar parece que uno puede dejar atrás su pasado para comenzar una nueva vida alumbrada por lo divino. No me cabe ninguna duda. Santa María de Zeytum tiene algo especial que remueve el alma humana. Algo que me recuerda siempre que lo imposible existe y, que además, puede suceder mañana.

Expedición a los **mundos perdidos**

Un compromiso con la eternidad

Me encamino como tantas veces por la avenida de las pirámides con rumbo hacia el enigma de los enigmas. Esta calle como ninguna refleja el caos de El Cairo. Coches atascados en una amplia calle con varios carriles en cada sentido. El colapso es casi tan eterno como lo son las pirámides que veo al fondo. Mientras espero a que mi vehículo sortee el caos, contemplo los cabarets que salpican mi camino. Lugar de destino de muchos jeques árabes que llegan hasta aquí porque el Gobierno Egipcio siempre fue permisivo con la prostitución. Mientras contemplo este pequeño reino de lascivia nos rebasa por el lado izquierdo de nuestro coche un pastor que jalea su manada de cabras. El Cairo en su estado puro se manifiesta aquí todas las mañanas, es algo que da igual cuántas veces lo hayas visto, pues este espectáculo tiene siempre la capacidad de sorprenderte.

Pasan los minutos y cada vez las veo más cerca. Las he contemplado mil veces pero jamás perdieron ni por un instante la capacidad de sorprenderme. Las tres grandes pirámides de la meseta de Guizeh

son desafiantes, misteriosas. Todas ellas guardan un secreto, pero la más enigmática es sin duda la de Keops, no sólo por su tamaño, sino también por ser la primera que se construyó. Me da exactamente igual cómo la hicieron, jamás lo entenderemos. Lo importante no es eso, los que se fijan tan sólo en su piel no son capaces de percibir su verdadero misterio, el alma de su esencia, que no es otra que el mensaje que nos legaron a través de su piedra. Es posible que la Gran Pirámide sea una tumba, la de un hombre llamado Keops que gracias a su ingenio y perseverancia pasó de ser mortal a convertirse en un Dios entre los hombres, pero me niego a creer que únicamente el egoísmo humano haya creado tal proeza. En conjunción con las del resto de la meseta de Guizeh refleja el cinturón de Orión sobre la tierra, un camino de estrellas. Ésta es posiblemente la clave para entenderlas pues la única obra eterna que ha construido el hombre debe guardar un mensaje imborrable como el de su famosa estampa elevándose altiva sobre la superficie gris de una meseta.

Por fin he llegado a mi destino. Me bajo del vehículo, saco la entrada y me subo otra vez en él para que me introduzca en la zona arqueológica. Sentado sobre la Gran Pirámide mientras tomo notas en uno de mis cuadernos de campo, acaricio la cara perfectamente lisa y pulimentada de una de las pocas rocas que quedan de su recubrimiento original. El sol abrasador quema mi cuerpo y no puedo resistir la tentación de comprar a precio desorbitado una botella de agua bien fría a uno de los buscavidas que constantemente se pasean alrededor de la entrada de la Gran Pirámide. A mi espalda una interminable cola de turistas de todas las nacionalidades sube (la cola) la escalera que da acceso a sus entrañas. Es un batiburrillo multirracial de lo más colorido, japoneses forrados de fino algodón pues piensan que así mantienen una total asepsia en un país tildado de tercermundista, o rusas en mini short que hacen las delicias de los militares egipcios. Contemplar la entrada de la Gran Pirá-

01 El país imposible

mide es como observar los tópicos de medio mundo. Ajeno a este teatro improvisado, sentado sobre la base del más colosal monumento del mundo, miro hacia el desierto y consigo abstraerme.

Mi rotulador se desliza por las páginas en blanco a la vez que dirijo mi mirada al horizonte e imagino la estampa del ejército que llegó hasta aquí hace más de un milenio para atrapar los secretos de este coloso. Era el año 820 después de Cristo cuando el califa Al Mamun se presentó aquí con miles de soldados dispuesto a llevarse los tesoros que supuestamente albergaba la Gran Pirámide. Levantando una inmensa nube de polvo, hombres armados con arcos, lanzas, espadas y máquinas de guerra llegaron hasta aquí dispuestos a ser los primeros en escudriñar sus entrañas. Jamás la historia había dibujado una escena similar, un ejército preparado para la más curiosa de las guerras, la fuerza del acero contra la dureza de la piedra. Enfrentados por un solo propósito: saquear los más fabulosos tesoros que jamás haya podido soñarse. Mil leyendas circulaban por todo el mundo acerca del contenido que podía tener aquel gigante, desde manuscritos en los que se albergaba toda la sabiduría antigua hasta toneladas de oro que acompañaban al faraón Keops en su viaje hasta el más allá. Si no había botín, no existiría el sueldo prometido para la tropa.

Aquella particular expedición acampó en la meseta de Guizeh. El resto de pirámides y la mirada de la esfinge vigilaban su sueño. Un paisaje onírico que iba a ser en parte destruido. Grandes hogueras, vinagre hirviendo y gigantescos martillos de acero fueron taladrando una de las caras de la pirámide. Pasaban los días y quitada parte de su piel un pasillo angosto se fue haciendo a golpe de palancas, taladros y martillo. El mismo túnel por el que ahora entran todos los años millones de turistas ajenos a esta historia. No sabemos qué información privilegiada tenía Al Mamun pero sus cálculos no iban muy descaminados, realmente se dirigía hacia una parte del laberinto que hay dentro del coloso. Pero los días pasaban y los mercenarios que traía el sultán estaban cada vez más nerviosos, tras cada roca partida aparecía una nueva de igual o mayor tamaño que la destrozada. Cuentan que el nerviosismo empezó a hacer mella en la tropa: atravesar parte de oriente medio para llevarse sólo un puñado de arena en los bolsillos no era un buen pago para tanto esfuerzo. Y fue justo en ese momento, cuando las esperanzas estaban casi perdidas, cuando uno de los soldados que estaba trabajando en el interior

del monumento se dio cuenta de que el bloque de piedra que tenía delante era diferente al resto de los que había destrozado. Inclinado, tenía otros de similar aspecto puestos encima. Era cuestión de romperlo e ir quitando los que había sobre él, y así lo hicieron. De esta manera comenzaron a subir por las entrañas del gigante hasta que apareció ante ellos la enorme sala ascendente conocida por el nombre de la Gran Galería. Enormes bloques rectangulares de piedra formaban un arco escalonado y abrían un espacio en el que cabe toda una multitud. Los tesoros podían estar bien cerca.

Es complicado imaginarse la escena de la que no quedan apenas referencias exactas, pero es de suponer que el mismo Al Mamun, acompañado de sus generales y siervos más leales, se encargó en persona de escudriñar aquel mundo oculto que sus ojos tenían la suerte de contemplar tras miles de años de oscuridad. Con sus antorchas fueron agachándose por el pasillo que da entrada hasta la conocida en la actualidad como la cámara de la reina, situada al comienzo de la Gran Galería. Allí contemplaron una sala de tamaño no muy grande, decorada por dos grandes altares a ambos lados, vacíos y sin adornos como el suelo y la estancia que les rodeaba. Subieron entonces por la enorme estancia abovedada que habían descubierto y al llegar hasta la parte más alta, vieron un pasillo estrecho por el que es necesario gatear. Las piedras que allí tocaban eran de distinto color y textura que la que habían destrozado en el resto de la pirámide, durísimo granito rosa traído desde las lejanas canteras de Asuán a más de mil kilómetros de distancia. Doy fe de que cuando uno lo toca parece acariciar un enigmático espejo de roca. Arrastrándose, agachados y con el corazón palpitando, fueron reptando entre los murciélagos y la suciedad, hasta que por fin pudieron ponerse en pie.

La sala en la que ahora estaban, conocida en la actualidad como la cámara del rey, es toda de granito rosado. Sus antorchas repasaban las paredes a la vez que contemplaban un sarcófago del mismo tipo de material perfectamente pulido. Allí las piedras son gigantescas, algunas de ellas de más de ciento cincuenta toneladas encajadas de manera tan perfecta que ni una cuchilla afilada es capaz de penetrar entre dos de ellas. Pero en aquel instante su ánimo no era, ni mucho menos, el apropiado para darse cuenta de la maravilla arquitectónica por la que estaban paseando. Su único afán era encontrar el tesoro que les había llevado hasta un lugar tan lejano. La desesperación que experimentaron tuvo que ser comparable a su infamia, jamás la violencia de un ejército desentrañará el mayor de los secretos que ha parido la historia. Nadie sabe exactamente cuál fue su reacción, quizás gritaron, es posible que discutieran entre sí, yo me los imagino lanzando sus antorchas contra el sarcófago que coronaba una sala tan vacía como el alma de aquellos reyes metidos a ladrones. No encontraron absolutamente nada. Regresaron a su casa sin más compañera que la frustración del que fracasa, un corazón furioso y una lección aprendida. Quien hizo la única obra eterna de la historia no iba a dejar que de manera tan fácil alguien le arrancara sus misterios.

> *Allí las piedras son gigantescas, algunas de ellas de más de ciento cincuenta toneladas...*

Una puerta al más allá

Hoy en día el recorrido que hacen los turistas por las entrañas de la pirámide es exactamente igual que el que hizo Al Mamun hace más de mil años aunque los visitantes, en su mayoría, desconocen esta historia. Entran por el túnel que excavó el califa, suben por un estrecho pasillo que fue el que despejaron sus soldados y llegan hasta la entrada de la Gran Galería. La Cámara de la Reina está ce-

01 El país imposible

> ...las tres pirámides de la meseta de Guizeh representan de manera exacta las tres estrellas del cinturón de Orión...

rrada y sólo puede contemplarse el corredor de entrada a través de una puerta enrejada. Continúan ascendiendo por la Gran Galería y en su parte superior tienen que agacharse para caminar por un angosto túnel que está hecho de granito rosa para al final contemplar la supuesta cámara real. Y lo que observan, más de mil años después de que éste usurpador llegara hasta allí, es exactamente lo mismo, una cámara completamente vacía donde el color rosa parece apoderarse de tu espíritu. Para hacer el recorrido completo de la Gran Pirámide tan sólo les faltaría descender hasta la conocida como Cámara del Caos, que está excavada en la pura roca de la meseta de Guizeh bajo la gran mole. Y otras tres salas descubiertas en 1.837 por el coronel británico Howard Vyse a base de dinamita llamadas las Cámaras de Descarga, situadas encima de la supuesta tumba real, cuya única función es puramente estructural ya que reparten el peso de la cúpula del monumento por igual, asegurándose de esa manera su ingeniero de que todo su laberinto interior quedaría por siempre intacto.

Ahora bien, otra cosa que no saben la gran mayoría de los turistas que llegan hasta este lugar es que todos los nombres de las salas de la Gran Pirámide son inventados. En la Cámara del Rey jamás se halló la tumba ni el cuerpo de ningún rey, en la Cámara de la Reina no había cadáver de mujer alguna y la que está bajo el monumento no tiene nada de caótico, tan sólo parece una sala inacabada o hecha así a propósito; jamás lo sabremos. ¿Cuál es entonces la función de estos tres habitáculos? Para muchos estudiosos estas tres salas reflejarían en el monumento eterno la visión que muchas culturas antiguas tenían del universo. La inferior el mundo de los muertos, la de en medio el plano real en el que vivimos y la superior, de un color distinto, el lugar en el que habitan los dioses. La Gran Pirámide nos recordaría así el transcurrir de nuestra existencia. Como lo divino, la estancia superior en la obra, gobierna los dos planos inferiores, nuestra vida terrena y la de ultratumba, pues nada escapa al Maat. Esta palabra, que designa la diosa de la justicia egipcia, representada por una mujer tocada con una pluma en su corona, escondía hace miles de años un significado trascendente. El Maat es una ley divina, mucho más que una diosa. Nuestros actos son premiados o castigados en nuestra vida y en la eternidad, como eterna es la Gran Pirámide y su mensaje. Junto con Kefrén y Mikerinos, las tres pirámides de la meseta de Guizeh representan de manera exacta las tres estrellas del cinturón de Orión sobre la arena del desierto. Una constelación que para los antiguos egipcios dibujaba en el firmamento el duat, la puerta al más allá. Ahí, al menos para un servidor, está su lección imperturbable, la ley que ningún hombre ya sea rey o vasallo pude olvidar. Un mensaje para la eternidad, pues nuestros actos son siempre observados desde el firmamento por los dioses, desde las estrellas que los tres gigantes inmortales representan sobre la faz de la tierra. Y nuestro paso al más allá, a través del duat dependerá de lo que hagamos en nuestra vida terrena.

Ya sé que algunos me tacharán de loco, afirmar que las pirámides son algo más que tumbas, que la mayor de ellas refleja los diferentes planos de la realidad y que el conjunto de las tres la escalera hasta las estrellas que todos subiremos algún día para bien o para mal... ¿Pero cabría mejor forma de reflejar sobre la Tierra este mensaje eterno? Los antiguos egipcios con su obra lo consiguieron. Qué mejor fin para tanto esfuerzo, para tanto trabajo, para tanto ingenio. Quizás los necios somos hoy nosotros, ya que algunos sólo ven en ellas un montón de piedras que cobijaron fríos y mortales cuerpos que por otro lado jamás se encontraron. Yo no quiero ni puedo pensar así, que tantas veces caminé sobre ellas, que en tantas ocasiones

las contemplé pensando en su belleza, en su mensaje, en su figura inmortal. Grandes ejércitos llegaron hasta aquí para desvelar sus secretos y se fueron con las manos vacías. Las armas y su fuerza jamás podrán mostrarnos su verdadera valía. Porque para entenderlas, para hallar su verdadera riqueza, no hace falta romperlas, sólo sentarse en el suelo del desierto y guardar silencio. Cerrar los ojos y volar con el corazón y la imaginación hasta el tiempo en que fueron hechas, un mundo en el que los hombres todavía creían en el verdadero poder de los dioses, de la naturaleza, que premia el alma de todo aquel que sabe comprender el sentido real de nuestra existencia.

El león dormido

No hay lugar en el mundo con más secretos por metro cuadro que la meseta de Guizeh. Antes de salir de ella la última visita obligada es la de la Esfinge. Miles de turistas pasan todos los días a su lado sin detenerse en varios detalles que la hacen única y misteriosa. Lo primero es el templo que se encuentra a su lado, construido de manera diferente a cualquier otro que podamos visitar en Egipto. Enormes bloques de piedra forman los muros ciclópeos de un santuario mucho más pequeño que otros que podemos ver en las orillas del Nilo. Hay piedras de hasta setenta toneladas, encajadas algunas de ellas con ángulos caprichosos. Jamás los antiguos egipcios volvieron a construir un edificio con esta extraña técnica que recuerda, por otro lado, a otras lejanas en el espacio y en el tiempo, como es por ejemplo la que utilizaron los incas. Éste y otros muchos detalles han hecho que algunos investigadores retrasen la construcción de la Esfinge hasta un momento muy anterior al nacimiento de la cultura faraónica. Pero para entender bien esto, necesitamos conocer mejor la historia de este viejo león dormido.

La gran mayoría del tiempo la Esfinge ha permanecido enterrada. Incluso en la época de los faraones. Esto nos lo demuestra una de las dos estelas que se encuentran entre sus patas, la realizada por orden de Tutmosis IV. En ella el joven príncipe nos narra cómo antes de subir al trono se fue un día de caza y a su vuelta se tumbó debajo de la Esfinge para descansar. La gigantesca estatua estaba enterrada y abandonada. Durante el sueño que tuvo, acomodado en sus garras, se le apareció el dios solar Harmaquis y éste le dijo que si desenterraba la estatua llegaría a ser rey de Egipto. La estela que mandó tallar nos detalla esta historia:

"Alza tus ojos hacia mí y mírame. Tutmosis, hijo mío, yo soy tu padre, el dios Horakty Keper Ra Atón. Te daré el poder real... La Tierra te pertenecerá en toda su extensión... los tesoros de Egipto y todas las riquezas de las demás naciones irán a parar a tus manos. Hace muchos años que mi rostro se volvió hacia ti, lo mismo que mi corazón. La arena del desierto sobre la cual reposo me oprime. Prométeme que atenderás mis deseos; porque tú eres mi hijo salvador, lo sé..."

Tutmosis IV se hermanó con la Esfinge siendo príncipe de Egipto y pocos años más tarde fue coronado faraón. Su reinado fue uno de los más prósperos de cuantos se conocen. Pero esto no rescató al gran felino del olvido y de nuevo quedó enterrada por las arenas del desierto. Fue el emperador romano Marco Aurelio quien la mandó de nuevo rescatar de su entierro, pero transcurrieron los siglos sin que nadie le diera importancia. Esto fue así hasta 1.816, cuando el aventurero y arqueólogo Giovanni Battista Caviglia la rescató de nuevo de su injusto olvido. Durante la excavación encontró diferentes objetos como la inscripción de Tutmosis

IV, conocida desde entonces como "la estela del sueño". En la línea decimocuarta de la misma aparecía la sílaba khaf, esto añadido a que una estatua del faraón Kefrén apareció en un pozo cercano y el parecido razonable del rostro de la Esfinge con el del citado rey, provocó que los arqueólogos le atribuyeran a este monarca egipcio su construcción. Pero el tiempo demostró que esto eran sólo conjeturas.

Ya había otra estela, la de inventario, descubierta por el arqueólogo francés Mariette a mediados del siglo XIX, que narraba cómo el faraón Keops había descubierto un templo consagrado al dios Horus muy cerca de la estatua, lo que dejaba claro que la construcción del león de piedra era anterior a lo que la arqueología le otorgaba. Pero hay muchos más datos para no atribuir su paternidad a Kefrén. La sílaba egipcia khaf es muy frecuente y al estar la palabra incompleta nunca sabremos cuál era realmente su significado. Hoy la decimocuarta línea de la estela del sueño está totalmente destruida, con lo que saber exactamente qué ponía en esa cita resulta imposible.

Para acrecentar la polémica, un anatomista norteamericano de reputada fama, Frank Domingo, que trabajaba para la policía científica de Nueva York reconstruyendo rostros de cadáveres desfigurados, viajó hasta Egipto para cotejar la cara de la Esfinge con la del busto de diorita de Kefrén. Cámara de fotos en mano, tomó instantáneas de ambas desde diferentes ángulos. Comparó las dos y sus conclusiones fueron tajantes. La barbilla de la Esfinge es mucho más saliente que la estatua del museo de El Cairo y sus ojos más hundidos. Hasta tal punto estaba convencido de la exactitud de su estudio que afirmó lo siguiente: *"Si en el futuro aparecen pruebas de que la Esfinge representa a Kefrén es porque quien realizó el retrato del faraón era un incapaz"*. Pero es curioso cómo éste y otros estudios tardaron años en hacer cambiar de opinión a los egiptólogos. Las primeras veces que viajé hasta el país del Nilo todos los arqueólogos con los que charlé me afirmaban con toda seguridad que la Esfinge había sido construida por Kefrén. Sin embargo, en mis últimas visitas la opinión de los mismos era que no estaba clara la paternidad de la misma.

Para añadir más misterio al asunto, el investigador John Anthony West convenció al geólogo de la Universidad de Boston Robert Schoch, para que hiciera pruebas que datasen la erosión por agua que aparece en el foso que rodea al monumento. Nadie esperaba que pruebas científicas dieran un resultado que cambiaría nues-

Expedición a los **mundos perdidos**

37

tro concepto de la historia. Las marcas de agua eran como mínimo del año 6.500 antes de Cristo, un tiempo muy anterior a la época faraónica. A principios de la década de los noventa del siglo pasado otro científico, el sismólogo de la Universidad de Houston, Thomas Dobecki, demostró que debajo de las patas delanteras de la Esfinge se halla una gran sala cuyo contenido a día de hoy se desconoce. El subsuelo fangoso de la meseta hace imposible saber qué misterios oculta una de las más famosas estatuas del mundo bajo sus garras. Todo esto es lo que me lleva a afirmar que la Esfinge y los secretos que todavía guarda serán la clave en un futuro para entender una parte de la historia que todavía no alcanzamos a entender. Aquel tiempo en que hombres y dioses convivieron en guerra o armonía, tal y como nos describen viejos textos sumerios o egipcios. Aquel tiempo donde ciencia, magia y leyenda eran, en sí, una misma cosa.

La puerta de la profecía

He intentado imaginarlo mil veces pero jamás lo he conseguido. Qué le pudo suceder a un grupo de hombres en un apartado desierto para que de sus manos salieran dibujos que nos hablan del presente y del futuro de la cristiandad. ¿Qué vieron? O simplemente: ¿qué les empujó a hacerlo? Esto son incógnitas que por ahora no puedo responder. Y sobre todo, ¿por qué plasmaron su mensaje en la puerta del altar de un monasterio? Aunque esta última cuestión sí puede tener solución. Muy sencillo: para que su mensaje fuera visto por el mayor número de personas posible. Y a fe que lo consiguieron, pues la Puerta de la Profecía del Monasterio copto de El Suriani, en Wadi Natrum, es hoy en día un lugar de peregrinación al que día tras día acuden miles de fieles para ser testigos del milagro.

Me gustaría decirles que tuve conocimiento de esta historia después de una ardua investigación sobre el pueblo copto, pero les mentiría. Fue la casualidad y no otra cosa la que me llevó a ser el primer periodista español que tuvo la suerte de enfrentarse a este enigma. Mi amigo egipcio Nagy Henry fue el que me habló sobre la existencia de esta reliquia. A lomos de un destartalado Fiat Ritmo que se nos estropeaba todos los días, partimos desde El Cairo con rumbo a Wadi Natrum. Esta localidad emplazada en medio del desierto está repleta de tuc tuc que hacen las veces de taxi y que le dan a algunas de sus calles el aspecto de un barrio hindú. Ese es el Egipto auténtico, el que está apartado de las rutas turísticas.

Tras un viaje de algo más de dos horas llegamos hasta el monasterio de El Suriani. Los templos que hay en la zona se alzan como auténticas fortalezas de adobe, reminiscencia de un tiempo en que los asaltos por parte de los beduinos y las tribus bereberes eran una constante. Estos lugares santos empezaron a construirse en el siglo IV, y es que son pocos los que saben que los primeros monasterios de la cristiandad se construyeron en Egipto. Antiguamente en la zona se erigían más de cincuenta de estos monasterios, aunque en la actualidad tan sólo quedan cuatro.

Tras una charla con los monjes del lugar por fin entramos a la capilla que guarda la Puerta de la Profecía. Delante de ella había un sacerdote que contaba su historia en árabe a un grupo de niños, que boquiabiertos seguían la explicación con todo detalle. Después los monjes hicieron lo mismo con nosotros y yo tomaba notas como un loco mientras mi amigo Nagy me traducía.

La Puerta de la Profecía se construyó durante los años 913 y 914 de nuestra era. En ella un grupo de monjes llegados desde la lejana Siria plasmaron sus visiones acerca de la historia, el presente y el futuro de la cristiandad. Sobre madera de ébano en tallas de marfil a lo largo de siete filas expusieron las imágenes que Dios les envió a través del éxtasis. Las cuatro primeras filas hacen alusión al pasado y presente de su fe y no tienen gran misterio. En la primera aparecen representados dos Papas sirios y dos egipcios, más las imágenes de Jesucristo y la Virgen María. La segunda fila muestra cruces en expansión simbolizando el avance de la fe cristiana por todo el Mediterráneo. La tercera nos enseña seis figuras encerradas en círculos que representan la división de la Iglesia en seis credos distintos. La cuarta, la que dibujaba su presente, nos muestra una cruz muy firme encerrada por motivos islámicos, haciendo alusión a que la verdadera fe era la copta y a cómo el Islam la había rodeado para siempre.

Pero lo verdaderamente enigmático está en las tres últimas filas. En la quinta podemos ver cruces imperfectas en cuyo centro aparece la esvástica, el mismo símbolo que Adolf Hitler utilizó para intentar dominar el mundo y que contrapuso lo pagano sobre lo divino. Los dibujos no dejan pie para la duda, aquellos monjes plasmaron un signo que desconocían y que por desgracia tuvo una gran trascendencia en el siglo XX. La sexta fila, la que correspondería con nuestro tiempo, está repleta de cruces diminutas que se separan. Para muchos investigadores significa la disgregación de la fe cristiana en una gran diversidad de sectas, hecho que está ocurriendo realmente con la irrupción de los cultos evangélicos, sobre todo en el continente americano. Y por fin la séptima y más misteriosa de todas ellas. Una cruz centrada que irradia su figura, según los autores de la puerta el símbolo que se verá en los cielos el día en que llegue el segundo Mesías. Para algunos ésta será una señal apocalíptica que marcará el fin de los tiempos, para otros simplemente la llegada del Salvador.

Lo que impresiona de la puerta son básicamente dos cosas: la claridad con la que se ve la esvástica en su fila quinta y la fe con la que miles de personas acuden a verla todos los días. Investigando aquel lugar me sentí un privilegiado, siendo uno más de los que llegan hasta allí para intentar entender lo que aquellos iluminados nos quisieron decir hace más de mil años. Aquello también me demostró que Egipto es un país donde se da por doquier lo enigmático, lo misterioso. Una tierra que albergó a la civilización más longeva y fascinante de la historia. Un lugar mágico repleto de infinidad de mundos perdidos que están todavía por descubrir.

02 Los hijos del sol

Los hijos del sol

He presenciado noches hermosas pero ninguna como ésta. La luz de las farolas brilla tenue y misteriosa creando un ambiente de intimidad que invita a la reflexión. El melancólico llanto de la quena, la flauta ancestral del pueblo inca, envuelve la majestuosa plaza, trayendo con sus notas himnos pretéritos que, en otro tiempo, sonaron acompañados de imponentes tambores. Mil curiosos y turistas

02 Los hijos del sol

de las más extravagantes nacionalidades deambulan por las calles, creando un paisaje aún más desconcertante. ¿Qué buscan? ¿Por qué están aquí? Quizás, como yo, vienen siguiendo la estela mágica de unos hombres que hace mil años fueron capaces de crear un fabuloso imperio que coronó con bellas ciudades las más altas montañas de la cordillera andina.

El lugar que pisamos en este momento es la Plaza de armas de Cuzco, *Wakaipata* para los antiguos incas. Ahora enormes edificios coloniales e imponentes iglesias ocupan el lugar que antaño era el punto de concentración de los palacios de los hijos del sol. La oscuridad envuelve a esta hora sus barrocos rincones, pero la luna, abriéndose paso entre negras nubes, impone un tenue brillo que la hace aún más misteriosa. Justo al lado de la fuente, hasta allí nos desplazamos. Desde el centro de la plaza alzamos nuestros ojos al cielo y contemplamos el espectáculo que supone ver la luz de los astros a más de tres mil metros de altura. Sí, era cierto. El que construyó esta ciudad lo hizo alineándola en la tierra con la Vía Láctea, un camino de estrellas. Las mismas que nos guiarán ahora en nuestra próxima aventura: recorrer los senderos que los incas dejaron sobre las altas cumbres para mayor gloria del sol y asombro de los que en el futuro pisarán esta tierra.

Expedición a los **mundos perdidos**

Los hombres de las montañas

A la mañana siguiente cogimos un coche y nos internamos en varias aldeas olvidadas en el corazón de los Andes. Un lugar donde el castellano es un idioma apenas hablado mientras que el quechua es todavía el lenguaje cotidiano. Introvertidos y orgullosos de su pasado, las miradas de aquella gente nos penetraban como balazos, pues los extranjeros son observados en muchas ocasiones con cierto recelo. No es de reprochar esta actitud si tenemos en cuenta el cruento pasado de esta tierra. La conquista del Perú fue una de las hazañas bélicas más impresionantes de cuantas hayan acontecido, pero como en casi todas ellas la infamia fue un denominador común que sembró odios que duraron siglos. Aquel tiempo ya pasó y esta gente conserva todavía como un tesoro parte de la cultura de sus ancestros. Quizás porque el terreno que pisa, a alturas que rozan los cuatro mil metros, es tan duro, que el más curtido de los generales se lo pensaría dos veces antes de introducir su ejército por estos encrespados barrancos.

02 Los hijos del sol

Ese factor y no otro es el que hizo que tuvieran épocas de paz. Un lugar ideal por otro lado para acercarnos hasta la idiosincrasia de un pueblo cuyo esplendor puede contemplarse todavía en las antiguas ruinas de ciudades y templos que jalonan estos valles.

Poco o nada se sabe sobre la verdadera historia de aquellos hombres de divino linaje, que de la noche a la mañana crearon un vasto imperio. Ni tan siquiera sabemos a ciencia cierta cuándo comenzó a habitarse la ciudad de Cuzco, capital de su reino. Parece que todo empezó más o menos en torno al siglo XII, cuando un grupo de nobles venidos desde el sur fue capaz de conquistar un pequeño territorio andino. No hay más referencia sobre aquel tiempo ni más luz que la que nos aportan las leyendas. Según éstas, cuatro hermanos acompañados por sus cuatro hermanas salieron de una cueva llamada Capac Toco y emprendieron una larga marcha hasta encontrar su tierra prometida. Los cuatro hermanos tenían poderes sobrenaturales y eran capaces de provocar la lluvia o de derribar montañas con sus ondas de oro. Eran los *intip churin* o, lo que es lo mismo, "los hijos del sol". Su viaje estuvo lleno de mil peripecias y hasta Cuzco finalmente sólo llegaron dos parejas. Uno de los hermanos que terminó este periplo fue Manco Capac,

que sería coronado como el primer Inca, mitad dios y mitad rey. Otros relatos por el contrario aseveran que Manco Capac llegó desde el lago Titicaca, en la actual Bolivia. Aunque en ambas leyendas el carácter divino del monarca es una constante. Así comenzó la epopeya de un linaje que en pocos siglos cambiaría la historia de América.

> ...cuatro hermanos acompañados por sus cuatro hermanas salieron de una cueva llamada Capac Toco y emprendieron una larga marcha hasta encontrar su tierra prometida.

Las crónicas nos narran que fueron trece los reyes incas, aunque es posible que en las primeras etapas se hable de linajes y el número de monarcas fuera mayor. Ellos crearon el *Tahuantinsuyu*, "El reino de los cuatro rincones del mundo" y, en tan sólo dos siglos, sus ejércitos conquistaron un territorio de algo más de dos millones de kilómetros cuadrados que abarcó los actuales Perú, Bolivia, Ecuador y parte de Chile, Argentina y Colombia. Su supremacía militar fue abrumadora, aunque el periodo de la gran expansión hay que atribuirlo al noveno Inca, Pachacutec, cuyo nombre significa "El transformador del mundo". Los reinos que se anexionaban pacíficamente eran respetados, incluso su religión, con la salvedad de que tenían que adoptar como dios supremo al sol y acatar sin condiciones la voluntad de su hijo. Sin embargo, los que se resistían eran destruidos, sus varones hechos esclavos y las mujeres convertidas en prostitutas hasta su muerte. Paradójicamente, esa destreza militar no les sirvió de nada contra los españoles, que con tan sólo doscientos hombres acabaron con su imperio.

El poder de las armas es siempre efímero, y todos los grandes generales fallecen como el resto de los mortales. Los logros en las artes y las ciencias sí tienen por el contrario la capacidad de traspasar las barreras del tiempo. De ahí que las hazañas militares de los incas se hayan olvidado mientras que sus conocimientos en astronomía, arquitectura y agricultura, entre otros, mantienen todavía la capacidad de asombrarnos. Algunos de sus tejidos han sido hasta el día de hoy irreproducibles y la construcción de los ciclópeos muros de Sacsayhuamán, es todavía un enigma sin resolver. Pues sigue siendo un misterio cómo un grupo de hombres que habitó en lo más profundo de perdidas montañas, fue capaz de aglutinar tanto conocimiento y tanto poder, en un periodo tan breve de tiempo.

02 Los hijos del sol

El ombligo del mundo

Tras nuestras largas jornadas recorriendo los valles andinos siempre regresábamos hasta esta majestuosa ciudad que antaño fue considerada el centro del mundo. Cuzco significa en quechua "ombligo", y desde sus palacios reales partían a diario cientos de chasquis o "corredores" llevando los mandatos del Inca a todos los rincones de su imperio. En la actualidad esta urbe es uno de los enclaves coloniales más bellos de toda América; sin embargo, el verdadero esplendor de Cuzco hay que buscarlo antes de la llegada de los españoles, cuando en sus calles convivían kañaris, yungas, huancas y un largo número de etnias venidas desde los lugares más distantes del continente. Es difícil hacer un ejercicio imaginario que nos transporte hasta aquel tiempo, pues jamás ha existido nada igual. Impresionantes templos y hermosos palacios de los Incas mostraban su esplendor al visitante, un brillo único que también deslumbró a los españoles, que la calificaron como la ciudad más hermosa del nuevo continente.

El centro neurálgico de Cuzco estaba justo donde hoy se alza la plaza de armas. Conocida como el *Wakaipata*, tal y como antes mencionamos, que significa "Lugar del llanto", en ella se realizaban multitudinarias ceremonias que congregaban a los diferentes estratos sociales. Su nombre se debía a que, en determinadas fechas, el Inca y toda su corte salían a llorar a la vista de sus súbditos pidiendo a la naturaleza, de esta manera, que fuera pródiga en las cosechas y que la lluvia fuera abundante. Una de las más importantes ceremonias que aquí se daba era aquella en la que se mezclaba de forma periódica tierra de las cuatro provincias del imperio, que representaban los cuatro puntos cardinales del mundo con la propia de la ciudad, simbolizando de esta forma la unión de todo el reino. Las victorias militares también se celebraban en este lugar tocando tambores que se confeccionaban con la piel de los enemigos mientras que para aporrearlos se utilizaban las manos cortadas de los vencidos en la batalla. Sus mujeres paseaban encadenadas sollozando, ya que su destino, a partir de ese instante, iba a

> *Cuzco significa en quechua "ombligo" y desde sus palacios reales partían a diario cientos de chasquis o "corredores" llevando los mandatos del Inca a todos los rincones de su imperio.*

ser el de prostitutas para las tropas que partían a conquistar nuevas tierras para el emperador. Las lágrimas fueron por tanto una constante de una forma u otra en la historia de una plaza, que hoy no es capaz de reflejar el exotismo, la crueldad y el sentimiento religioso que aglutinó antaño.

Cuzco fue la capital de un mundo ahora perdido, de un universo regido por la magia y la energía intangible del sol. El centro de máximo poder desde el que se gobernaba toda esta fuerza fue a su vez el templo más importante de cuantos existieron en Sudamérica: el Coricancha. Centro místico de toda la tierra, desde él partían unas líneas imaginarias llamadas ceques que irradiaban su energía a todos los puntos cardinales del planeta. Estas líneas mágicas salían desde el Coricancha atravesando montañas, cuevas, cascadas o piedras a las que se les daba un carácter sagrado. La naturaleza para los incas era obra de los dioses y, al igual que ellos, seguía siendo divina. A estos lugares de poder se les daba el nombre de *huacas* y constituyeron un entramado de templos y sitios de adoración que con diferencia ha sido el más complejo en toda la historia de América.

El Coricancha, por otro lado, tuvo que ser uno de los edificios más impresionantes que jamás haya diseñado el hombre. Todo su interior estaba forrado por enormes placas de oro. El altar mayor estaba presidido por un gigantesco sol del mismo metal y cientos

de figuras a tamaño natural, también de oro, se repartían por sus diferentes estancias. Sus ventanas estaban dispuestas de tal forma que el brillo del sol era multiplicado por el reflejo del metal sagrado y todos los visitantes al entrar quedaban ciegos durante unos segundos ante el fuerte resplandor. Pero el lugar de honor en el Coricancha no lo tenía ninguna estatua, eran las momias de los soberanos incas, las *mallqui*, las que se llevaban todas las atenciones de los sacerdotes y súbditos. Los cadáveres de los reyes de esta tierra recibían los mismos cuidados y honores tras su muerte que cuando estaban en vida. Se les consultaba las decisiones de estado a través de sacerdotes y mediums, y una vez al año se las sacaba en solemne procesión para que recibieran las aclamaciones de su pueblo. Para los incas la veneración a estas momias fue muy importante, ya que suponía de hecho tener el cuerpo de un dios que ya estaba en el otro mundo, de forma que se podía utilizar su figura para comunicarse directamente con el más allá. Las *mallqui* eran consideradas por tanto las mediadoras entre los dos mundos, de ahí que no se escatimara nunca en sus cuidados. Era más importante tener contento al Inca después de muerto que incluso en vida.

Ya poco queda por desgracia en el Cuzco actual de aquel tiempo de magia y misterio. Aunque mil leyendas subsisten en muchos de sus rincones creando relatos sincréticos que fueron perseguidos sin piedad por la Iglesia. Según narra la tradición popular, incluso los fantasmas de algunos incas sobreviven en oscuros torreones de su hermosa catedral. Nada sabemos en realidad sobre si tales afirmaciones son ciertas, aunque de lo que no nos cabe ninguna duda es de que la magia de Cuzco jamás se apagará, pues en muchas de sus piedras subsiste el espíritu de unos hombres que tuvieron la capacidad de ver un mundo donde el poder del sol era sagrado, la muerte no existía y el arco iris era considerado un dibujo rotulado por la soberana mano de los dioses que creaba un puente que nos unía con lo divino. Ellos entendieron la Tierra como un ente vivo. En este sentido, el tiempo (sí) les ha dado la razón, pues el paso de los años ha demostrado que del respeto a nuestro entorno dependerá, en un futuro no muy lejano, nuestra propia supervivencia.

El Valle Sagrado

Cuando lo vi por primera vez sólo pude pensar una cosa: si en algún lugar de la Tierra nacen las montañas, seguro que es aquí. La atmósfera es pura y cristalina mientras que el cielo siempre está repleto de blancas nubes tejidas con el algodón de los dioses. Cumbres imponentes pegadas unas con otras que sobrepasan en muchas ocasiones los cuatro mil metros, a cuyo regazo, ancladas en lugares imposibles, perviven aldeas donde habitan los últimos descendientes puros de los incas. Por sus laderas caminaron hace más de mil años "los hijos del sol" y su senda se convirtió, con el paso del tiempo, en una ruta adornada con impresionantes ciudades que reclaman desde sus ciclópeos muros el esplendor que en otra época tuvieron. Ollantaytambo, Pisac, Qenko o Chinchero son tan sólo algunas de las fortalezas que hoy podemos visitar. Urbes donde gobierna un desconcertante silencio tan sólo perturbado por la voz de los turistas, ciudades que se construyeron para proteger de enemigos una de las tierras más fértiles de América. Por eso aquel valle fue sagrado para los Incas. Pues sus campos, bañados

02. Los hijos del sol

por el agua del impetuoso Río Urubamba, traían en sus cosechas la muestra de la bondad de los dioses con los hombres en un pacto renovable todos los años. Estas tierras eran tan fértiles que daban de comer a todo un imperio.

El Valle Sagrado de los incas se encuentra a pocos kilómetros de la ciudad de Cuzco y une por caminos que rozan el cielo las ruinas de las ciudades de Pisac y Machu Picchu. Sin embargo, a la salida de la antigua capital del imperio y antes de internarnos en ese fabuloso mundo, hay una parada obligatoria: Sacsayhuamán. Para algunos ciudad santuario, para otros

la fortaleza desde la que se defendía Cuzco; es posible que esta cuestión, la de su verdadera función, jamás sea resuelta pues por desgracia tan sólo quedan restos de sus murallas y poco más. Muchos arqueólogos afirman que esta construcción vino a ser en tiempos antiguos la representación de la cabeza de un puma, símbolo que se intentó plasmar en la construcción de la ciudad de Cuzco. Pero tales discusiones son por desgracia tan sólo conjeturas ante la incapacidad de comprender una época donde no existían textos escritos, y ha sido por las crónicas posteriores a la llegada de los españoles que la historia ha intentado arrojar luz sobre este enigma.

> *...las piedras de sus murallas parecen haber sido esculpidas por la mano de gigantes.*

Son sólo restos de lo que fue, pero en verdad las piedras de sus murallas parecen haber sido esculpidas por la mano de gigantes. He visto muros enormes en diferentes continentes, con la consecuente discusión que surge siempre entorno a la técnica utili-

Expedición a los **mundos perdidos**

zada para su construcción, pero nunca vi rocas tan enormes talladas, pulidas y apiladas unas encima de otras de manera tan perfecta. En las tres filas de piedras que quedan de sus murallas incompletas, podemos encontrarnos muchas moles que sobrepasan las doscientas toneladas e incluso una que supera las trescientas. Es como si para aquellos hombres la cuestión del peso no hubiera tenido importancia. Pero no sólo asombra esto, las rocas, al igual que en otras construcciones incas, encajan unas con otras con mil ángulos caprichosos, y así, la primera sensación que el visitante tiene al llegar a las ruinas, es la de enfrentarse a un puzzle gris vertical de dimensiones colosales. Nadie ha podido demostrar todavía cómo lo hicieron y posiblemente nadie jamás lo entenderá, pues aquellos hombres descendientes del lejano sol dejaron tras su huella una mítica leyenda que en lugares como éste tiene la capacidad de convertirse en maravillosa y desconcertante realidad.

02. Los hijos del sol

Sacsayhuaman guarda todavía muchos más misterios, además del de sus muros. El Inca Garcilaso, noble descendiente de la corte adoptado por los españoles, contaba en sus textos cómo de pequeño jugaba en los túneles que se esconden bajo la fortaleza. Hoy esos túneles están tapados por rocas y escombros para que nadie se aventure en sus entrañas. Sin embargo, varias leyendas cuentan que en este laberinto construido hace casi mil años se esconde parte del oro del templo del sol, el Coricancha. Son muchos también los que opinan que la verdadera función de la ciudad fue la de hacer las veces de santuario del dios del trueno, pues sus muros en forma de zigzag parecen representar la figura de un rayo. Eso sin contar los restos de una enorme torre conocida como Sallac Marca, "el lugar del agua", cuyos cimientos no han hecho más que alentar otras mil conjeturas sobre la capacidad de los astrónomos de aquel tiempo. Aquella torre fue sin duda un sitio construido para la observación del movimiento de las estrellas. Yo no soy arqueólogo, tan sólo un simple viajero, cronista de una historia que a veces es tan inquietante como oscura. Tampoco quiero ser más, pues al caminar entre

estas ruinas he podido experimentar en primera persona una sensación que me parece fascinante: la de sentirme como una hormiga en una obra de gigantes.

Pero mi aventura, como relataba al comienzo de este epígrafe, no culminaba aquí: me quedaba todavía el placer de caminar por la tierra sagrada de los incas. Subiendo las montañas la carretera serpentea entre parajes iluminados por un radiante sol, signo inequívoco de que cada vez nos vamos acercando más hasta las elevadas cumbres del Valle Sagrado. De repente el camino de asfalto desciende y ante nuestra vista podemos contemplar un lugar que, si no fuera porque estamos en América, hubiese asegurado que era el mismísimo Shangrilá. Un gigantesco y hermoso valle pintado de un color verde esmeralda en cuyo centro se dibujan las bravas aguas del Río Urubamba. Las llamas campan a sus anchas pastando ajenas a la mirada de los incrédulos turistas y los niños vestidos con trajes típicos juegan en los arcenes. Mi primera parada es Pisac, desde cuyas enormes terrazas de cultivo se divisa a la perfección el magnífico panorama que nos brinda el valle. En este lugar soy realmente consciente de la complejidad que alcanzó la sociedad inca, pues en sus campos de cultivo, repartidos por diversas alturas, se sembraban distintos frutos adaptando su agricultura a la orografía del valle. Pero la función de Pisac no fue solamente esa. Tal y como nos describió el Inca Garcilaso, hasta esta ciudad venían los

miembros de la nobleza a descansar de sus obligaciones civiles y militares. Un lugar de recreo donde los niños podían correr entre los frondosos pastos mientras los mayores se deleitaban con el susurro del agua que cae por las montañas. Un mundo donde los antiguos señores se apartaban de la realidad dejando que el sosiego de una sugestiva naturaleza inundara sus almas. Muchos siglos han pasa-

do ya desde aquel tiempo pero el espíritu de este lugar sigue siendo el mismo. Pisac es todavía un privilegiado balcón del edén, que se asoma a una de las mayores maravillas de la tierra.

Desde aquí vuelta a la tortuosa carretera para descender hasta las orillas del Río Urubamba cuyas aguas huelen todavía a la impenetrable selva de la que proceden. Siguiendo su senda vamos

02 Los hijos del sol

contemplando un rosario de ruinas que adornan las imponentes montañas que nos rodean. Casi ya en la frontera donde se atisba la cercanía de la jungla, se alza otra de las ciudades que han convertido a este valle en un lugar mágico. Ollantaytambo es una fortaleza santuario que se encarama en un vertiginoso desnivel de los Andes. Enclave defensivo desde el que Manco Inca huyó de los españoles internándose desde allí en el impenetrable Valle de Vilcabamba. Ollantaytambo fue desde el punto de vista militar la puerta del Antisuyo, la región de la Amazonía que durante siglos fue terreno ignoto para los conquistadores europeos. Pero esta ciudad no ha pasado a la historia por su carácter militar, fue la leyenda de dos enamorados la que la elevó hasta la categoría de mito.

Cuentan las crónicas que un general llamado Ollantay se enamoró de la hija del Inca Pachakutiq, Kusy Qoyllur, que significa "estrella alegre". El soberano, enojado por la desfachatez de un plebeyo que pretendía a una noble, lo mandó encarcelar, pero éste se rebeló junto a su ejército e hizo cara al monarca. El rey, mientras

tanto, hizo encerrar a su hija en un convento de mujeres elegidas, a sabiendas de que estaba embarazada. El drama acaba con Ollantay encarcelado, aunque a la muerte de Pachakutiq, Tupac Yupanqui, su sucesor, libera a los dos enamorados para que éstos pasen el fin de sus días juntos. Y es así como la ciudad que fue construida como fortaleza para repeler los ataques de las feroces tribus amazónicas, se acabó convirtiendo en la morada de dos rebeldes enamorados que desafiaron las leyes de su tiempo. Una hermosa historia cuyos hechos posiblemente tengan una parte de ficción y otra de realidad, pero cuyo relato no hace más que ensalzar la leyenda de una ciudad ya de por sí espectacular.

> *Pero esta ciudad no ha pasado a la historia por su carácter militar, fue la leyenda de dos enamorados la que la elevó hasta la categoría de mito.*

En Ollantaytambo finalizaba el mundo conocido, y no fue hasta bien entrado el siglo XX cuando diversos aventureros se internaron más allá, descubriendo otras ciudades no menos fabulosas. Algunas de ellas siguen hoy todavía apenas sin excavar. Pero, sin duda, la más llamativa de todas es Machu Picchu.

El pico viejo

La estación de ferrocarril de San Pedro en Cuzco es todas las mañanas un hervidero de turistas que, cámara en mano, se disponen a visitar uno de los lugares más mágicos y enigmáticos que hay en el planeta. Mujeres autóctonas ataviadas con trajes de mil colores se mezclan en este lugar con mochileros, curiosos, rateros y todo un elenco de personajes que se hace prácticamente indescriptible. Esta es la única forma, o a pie, que existe para llegar hasta Machu Picchu, cuyo nombre en quechua significa "la montaña" o "el pico viejo". Hoy el hierro ha sustituido los antiguos senderos, pero el viaje no es por eso menos espectacular. Pegado al río Urubamba, el tren de repente se para y cambia de sentido. La sensación del pasajero en ese instante es la de que está embarcado en un viaje a ninguna parte. La realidad es que el tren está subiendo los escalones que el hombre ha hecho a golpe de mazo y dinamita en el Valle Sagrado para que los visitantes puedan subir hasta una de

02. Los hijos del sol

sus cumbres. Sin embargo, la gran mayoría de personas que van a bordo desconocen la historia de este lugar.

Según narran las viejas leyendas, este fue el sitio donde el desterrado príncipe Inca Ripac tuvo un encuentro con el Dios que creó el mundo, Viracocha. Éste le advirtió de los peligros que corría su pueblo ante la amenaza de una tribu que pretendía destruir el reino de los hijos del sol, los terribles chancas, que con sus caras pintadas de vivos coloresq salieron desde la selva atravesando las montañas con la intención de atacar Cuzco, la capital de su imperio. Tuvo que ser impresionante ver cómo el silencio de estas montañas era roto por los gritos y lamentos de la gran batalla. Las flechas de los asaltantes se hacían impotentes ante el silbido de las balas que lanzaban las ondas de los curtidos guerreros incas. Sus hachas de piedra y sus lanzas rematarían a pocos centímetros a los enemigos que no habían caído ante la lluvia de proyectiles. Se dice que en la lucha perdieron la vida más de treinta mil personas. Es por eso que a este angosto valle se le conoce por el nombre de Yahuarpampa, que significa "la pampa sangrienta".

El tren por fin llega a su última parada, Puente Ruinas, en la localidad de Aguas Calientes. Desde ahí, cochambrosos autobuses suben por una tosca carretera de tierra hasta la entrada del lugar arqueológico. Después de pasar la taquilla y andar no más de dos minutos, justo al bordear la esquina de un sendero, aparece ante la mirada atónita de todo aquel que llegue hasta aquí uno de los mayores espectáculos a los que puede enfrentarse el ojo humano. Machu Picchu es una ciudad hecha por hombres para deleite de los dioses. No hay otra forma de explicarlo. Encaramados en una gran ladera quedan los restos de cientos de casas de sus antiguos habitantes, así como un sinfín de templos cuya principal función fue la observación astronómica.

Cuando el norteamericano Hiram Bingham la descubrió el 25 de julio de 1.911 pensó que estaba ante los restos de la mítica Vilcabamba. Según las crónicas de los españoles, estamos ante la ciudad perdida del Antisuyo en la que se refugiaron los últimos incas rebeldes, un lugar donde supuestamente éstos habrían escondido sus mayores tesoros, sobre todo el oro que tanto gustaba a sus crueles invasores. Cuando el aventurero norteamericano empezó a

excavar no encontró, sin embargo, las grandes riquezas que esperaba. Se topó con el misterio en su estado más puro. De los ciento sesenta y tres cadáveres que aparecieron, ciento cincuenta pertenecían a mujeres y el resto eran de adolescentes o niños. Esto nos puede llevar a pensar que Machu Picchu era una ciudad santuario reinada por vírgenes consagradas a diferentes cultos. El caso es que en el esqueleto de una de las supuestas doncellas que allí habitaron se demostró que ésta tenía sífilis. La ausencia de textos que nos hablen de la historia real de esta ciudad deja por completo al terreno de la hipótesis su verdadera función, dato que por otro lado no hace más que engrandecerla. Uno de los hechos más curiosos de estas primeras excavaciones es que Bingham halló en una tumba un collar de cuentas de cristal de color verde, cuando supuestamente los incas no conocían la manera de elaborar tal producto.

Pero si hay una escultura en Machu Picchu que se ha hecho mundialmente conocida es la *intiwatana*, que significa "la piedra donde se amarra el sol". Tan sólo los sacerdotes astrónomos sabían interpretar su sombra en el resto de la roca en la que está esculpida y en sus alrededores, comprendiendo de esta manera en qué época del año se estaba y por tanto cuándo era necesario emprender las tareas agrícolas en el campo, de forma que las cosechas se adecuaran al calendario. En el solsticio de invierno, que en el hemisferio sur es el 21 de junio, la jornada que marca la mayor lejanía del sol, la *intiwatana* señala un pequeño círculo marcado a un lado de la misma. Era el momento en que los sacerdotes elevaban sus plegarias para que el astro rey no se alejara más y les regalara su magia en un nuevo ciclo. Mediante sus rezos intentaban literalmente "amarrar el sol" a la tierra para que esta continuara siendo fértil. Una ceremonia de la que por desgracia apenas nada sabemos, aunque seguramente se mezclaban sobre la roca la sangre de llamas, otros animales e incluso hombres sacrificados con grandes mazas. Había que rendir tributo a la Pachamama desde este lugar bendecido por los *apus*, los espíritus de las montañas.

En 1.963 el arqueólogo norteamericano Gene Savoy llegó a la conclusión de que Vilcabamba no era Machu Picchu, identificando

Expedición a los **mundos perdidos**

la mítica ciudad perdida con las actuales ruinas de Espíritu Pampa, aunque su estudio no fue ni mucho menos concluyente. Lo que sí está claro es que la región del antisuyo, la tupida selva que escondió a los últimos incas, sigue repleta de magia y secretos. Esa iba a ser la próxima escala de mi viaje.

La última frontera

La oscuridad de la noche me impedía ver la tupida selva que, como el espíritu del jaguar, se ocultaba aquella tarde ante los ojos de extraños. La cochambrosa avioneta acometía las turbulencias del trópico como buenamente podía y yo percibía en aquellos vaivenes la señal inequívoca de que realmente nos íbamos a adentrar en una tierra tan misteriosa como inhóspita. Aquel aterrizaje no exento de suspense por fin concluyó y, al abrir la puerta de la avioneta, un golpe de humedad, como pocos he sentido, empapó mi camisa, que ya se quedaría así el resto de la semana.

Esa fue mi bienvenida a Iquitos, una ciudad en la que habita medio millón de almas, cuya ubicación, en plena región del Alto Amazonas, la convierte en un lugar ideal para emprender todo tipo de expediciones. La humedad y el calor que hay en esta urbe es de tal magnitud que el asfalto de las calles está repleto de chapas de botellas derretidas e incrustadas sobre el suelo por el que ruedan sobre todo motocicletas y triciclos. Apenas hay coches en Iquitos,

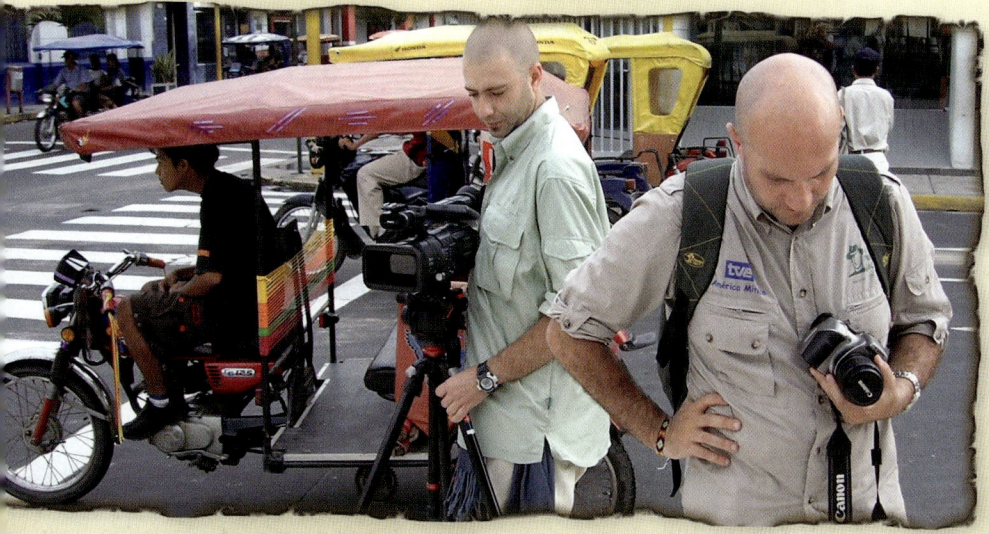

sólo se puede llegar hasta allí en avión o en barco. La selva es tan virgen a partir de aquí que el uso de todoterrenos se hace imposible. Una naturaleza inhóspita a la vez que exótica que puede hacer las delicias de cualquier aventurero.

A nuestra llegada, decidimos dejar las mochilas y el equipo de filmación en el hotel y nos dimos una vuelta por el paseo fluvial que hay cerca de la plaza principal de la ciudad. Algunas mansiones de esta calle todavía están decoradas con finos azulejos traídos a comienzos del siglo XX de Italia y Portugal, reminiscencia de aquel tiempo en que el caucho creó multimillonarios en Iquitos. Tomamos una mesa delante del majestuoso Amazonas y nos dispusimos a escuchar el impresionante sonido de la selva mientras saboreábamos una cerveza. Es una sensación extraña, pues la selva por la noche, con su sinfonía de mil sonidos entremezclados, parece reclamar más que nunca que sigue viva. Pese al daño que se le lleva haciendo desde hace siglos todavía quedan, en zonas como ésta, territorios ignotos por los que apenas se ha adentrado el hombre.

En julio de 2.004, no demasiado lejos de donde ahora nos encontrábamos, el explorador norteamericano Sean Savoy, junto con un equipo de arqueólogos peruanos, encontró los restos de cinco ciudadelas preincas construidas entre los siglos VII y VIII. Las ruinas abarcaban un área total de más de cien kilómetros cuadrados. Por las informaciones que habíamos obtenido en Lima, sabíamos que en esta zona era también más que probable que quedaran ciudades perdidas. Hoy en estos lugares hay todavía etnias que mantuvieron un contacto estrecho durante siglos con los incas, que como ninguna otra cultura americana se internó hasta lo más profundo de esta enigmática zona boscosa. Se trata de una zona que utilizaron para esconderse durante décadas de los españoles en alejados refugios que sus conquistadores jamás pisaron, desalentados por un terreno donde los caballos y sus pesadas armaduras no eran más que una carga inútil.

A la mañana siguiente tomamos un bote y comenzó mi travesía por la cuenca del Amazonas. Por desgracia fui testigo de su mítico esplendor y del daño que los madereros y todo tipo de desalmados han inflingido a la selva. Muchas de las riberas de los ríos han sido taladas y la maleza ocupa ahora el espacio que antes fue reino de una espectacular naturaleza. Mi primera parada fue en un poblado de indios boras. Nuestra lancha se detuvo en un lado del río donde la vegetación dejaba apenas intuir que existía un sendero y nos dispusimos a caminar entre la maleza. Un diminuto grupo de niños nos vio y comenzó a tocar unos palos que a modo de tambor anunciaban al resto de la comunidad la llegada de un grupo de extraños. Danzas y cánticos nos recibieron en medio de aquel lejano paraíso mientras los muchachos mostraban su interés por nuestras cámaras digitales. Con los boras, cantamos, bailamos y conversamos acerca de los problemas que hoy en día les acosan como es el de la desforestación de su entorno. Tuvimos también la

02. Los hijos del sol

suerte de dar un paseo por el bosque con el más anciano de la tribu, que nos fue mostrando las plantas medicinales que se encontraban cerca del poblado y la utilidad de cada una de ellas. La charla de aquel anciano también nos dio la oportunidad de entender que en el Amazonas se esconde una gran farmacopea que por desgracia ha sido también objeto de expolio por parte de grandes empresas durante las últimas décadas. Sin embargo, aquel hombre puso a nuestro servicio sus conocimientos, no dándole importancia a la información privilegiada de la que estábamos siendo testigos. De esta misma manera muchas industrias farmacéuticas han hecho grandes negocios sin que los indígenas hayan visto recompensado su ofrecimiento. La bondad de unas personas que viven en perfecta armonía en un fabuloso entorno es sin duda la mayor lección que los indígenas dan a todos aquellos que pisan su tierra. Por desgracia han sido pocos los que, con buenas intenciones, se adentraron en este territorio desde hace ya cinco siglos.

Este último tramo del viaje por el Antinsuyo de los incas tenía dos objetivos. El primero recoger información verídica a pie de campo y acerca de ciudades perdidas en el alto Amazonas, una de las junglas más inexploradas del planeta. Como comprenderéis no pienso revelar en este libro pues quiero regresar en no demasiado

Expedición a los **mundos perdidos**

02. Los hijos del sol

tiempo a esta zona. Y como segunda parte, la de inmiscuirme en la mística de este mundo perdido siendo partícipe en una de sus ceremonias más ancestrales: la toma de ayahuasca. Una aventura que casi me cuesta la vida.

La soga del muerto

Aquel hombre alto y delgado escondía bajo su túnica blanca no demasiado buenas intenciones. Hablé con él en Iquitos además de con otros chamanes expertos en la elaboración de la droga más potente que se conoce en la Tierra. La *ayahuasca* es una liana cuyo nombre científico es: *banisteriopsis caapi*. Su nombre literal, *ayahuasca*, son dos palabras quechuas que significan: "la soga del muerto". Y les aseguro que no es una mera leyenda, es toda una realidad. Su ingesta y la de las potentes toxinas que hay en la pócima llevan a quien la consuma a sentir en sus propias carnes lo que significa la muerte; un estado psíquico y físico que provoca en quien la tome la percepción de que esa noche va a ser la última de su vida. Hay setenta y dos etnias diferentes en la cuenca amazónica que la toman desde tiempo ancestral y cada chamán la elabora de manera diferente, ya que hay catalogadas hasta noventa plantas anteógenas distintas que se añaden para aumentar sus efectos.

Expedición a los **mundos perdidos**

La citada liana contiene inhibidores de la monoamiooxidasa, que atacan a los neurotransmisores del cerebro dejando tu mente abierta para experimentar sensaciones imposibles con total y absoluta claridad. El resto de drogas que se añaden, desde la potente *datura* que por sí sola hacía que los chamanes olmecas pensaran que eran jaguares, hasta otras más exóticas como la *chakruna*, pueden provocar estados de psicosis permanente en quien las consuma, otros tipos de locura y, por supuesto, la muerte. La mezcla de todas estas plantas da como resultado la síntesis de una molécula llamada dimetiltriptamina, relacionada con las visiones que tenemos en los sueños y, para algunos científicos, también implicada en los estados cercanos a la muerte y las imágenes mentales que se producen en los mismos. Tomar *ayahuasca* es realmente coquetear con el último paso del hombre hacia el más allá. Como ustedes podrán comprender, todos estos datos acerca de esta pócima los consulté después de su ingesta... Si no, jamás la hubiera tomado.

En la charla que tuve con el chamán en uno de los arrabales de Iquitos, repleto de chabolas, miseria y prostitución infantil, entre otras muchas actividades ilegales, me convencí de que aquella noche iba a ser una de las más maravillosas de mi vida. Escogí un

lugar en medio de la selva del alto Amazonas, a más de cuatro horas de lancha de cualquier sitio civilizado, para sentir la magia que infinidad de hombres habían presenciado desde hace milenios. La *ayahuasca* se consume entre todas las tribus indígenas siempre con una misma intención: la de encontrar en sus alucinaciones el camino adecuado que debemos escoger para nuestro futuro en la vida. En las imágenes que van a surcar tu mente se supone que está la mano de desconocidos dioses de la selva que te ayudarán mostrándote el origen de tus miedos, así como el verdadero rostro de tus deseos. Más hermosa no podía prometerse la experiencia, más horrorosa no pudo ser. Para que los efectos de la toma sean aún más poderosos se recomienda no comer en todo el día, cosa que por supuesto hice. Y al atardecer, justo cuando el sonido de los monos aulladores es más desconcertante, sentado en la orilla del río Amazonas, esperaba con impaciencia la llegada del chamán. A bordo de un pequeño bote apareció ya vestido de nuevo de blanco portando en una de sus manos una botella de Coca-cola sucia con la etiqueta arrancada. La América profunda es así, la toma no iba a celebrarse precisamente en el hall del Hotel Ritch.

Esperamos charlando con nuestro supuesto guía espiritual hasta que estuvo bien entrada la noche, que en esas latitudes suele ser a partir de las veinte horas. Cargados con viejos candiles nos adentramos en lo más profundo del tupido bosque hasta un pequeño lugar preparado específicamente para lo que íbamos a hacer: una habitación cochambrosa con un repugnante retrete al fondo; varios cubos de plástico estaban diseminados por el suelo, recipientes imprescindibles para cuando empiezan los vómitos. Las tres personas que íbamos en la expedición nos sentamos en torno a una tosca mesa de madera. El chamán cogió entonces la botella de Coca-cola y comenzó a bendecirla con unos extraños cánticos. La alzó mirando al cielo y luego puso un líquido color ocre y de textura viscosa en la mitad de un coco. Cada uno de nosotros se tomó su ración. Su sabor indescriptible, amargo como la cáscara de un pomelo, y su gruesa textura, iban acuchillando mi esófago hasta que por fin llegó al estómago. En ese instante me esforcé sobre todo en no vomitar, pues entonces la toma no tendría la fuerza deseada. Al cabo de unos treinta minutos comencé a regurgitar por mi boca un líquido rojo. Justo entonces comenzaron las alucinaciones. Las primeras he de reconocer que estaban llenas de magia y misterio. Veía con mis ojos cerrados un fabuloso cielo lleno de estrellas y cómo éstas se movían a su antojo dibujando animales fantásticos. Algunos eran muy reales como peces, ballenas, aves... Otros no sé cómo definirlos. También pude verme

perfectamente navegando por ríos de la jungla, jugando con niños en la espesura de la selva e incluso el rostro afable de un chamán que, adornado con plumas de vivos colores, me sonreía. Pasados unos cincuenta minutos, los vómitos comenzaron de nuevo pero esta vez con una fuerza tremenda. Agarrado a un mugriento cubo de plástico, no podía parar de expulsar líquidos por la boca. Todavía no sé de dónde salió aquello, pues como les comenté antes no había comido en todo el día. A partir de entonces me sumergí en el infierno.

Los ayudantes indígenas que teníamos me llevaron hasta el retrete como pudieron y allí defequé y oriné hasta que a mi cuerpo no le quedó nada dentro. O al menos eso pensaba yo. De nuevo me llevaron a mi asiento. Una terrible taquicardia hizo entonces acto de presencia mientras un sudor frío empapaba toda mi piel. Fue entonces cuando comprendí la verdadera fuerza de la *ayahuasca*. Mientras el chamán continuaba con sus cánticos, que invocaban

Expedición a los **mundos perdidos**

a muertos y espíritus, yo contemplaba atónito cómo era incapaz de conectar con esta realidad. Primero vi cómo me rodeaban gigantescas serpientes de mirada oscura y penetrante; después espectros de hombres con su rostro medio podrido que se acercaban hasta tocarme. Yo en ese instante quería levantarme y decir que me encontraba mal. No pude hacer ninguna de las dos cosas, no era capaz de sostenerme en pie y no podía hablar. Intenté entonces abrir los ojos para ver si podía aferrarme a este mundo, pero fue mucho peor. Tan sólo me rodeaban según mi percepción hombres deformes de rostro pútrido que me observaban con recelo. Jamás en toda la noche volví a abrir los ojos. Una de las cosas que más me chocó era la fotofobia que sentía. El más mínimo halo de luz que desprendieran junto a mí las velas que había en la estancia provocaba que me hirvieran los ojos. Pero tampoco podía comu-

02. Los hijos del sol

nicárselo a nadie. Sólo recé en mi interior para que el tiempo pasara... Y como si hubieran sido una eternidad, aquellas tres horas que estuve en ese estado pasaron.

El chamán se levantó y al cogerme e intentar hablar conmigo entendió que estaba muy mal. Pasó unas hierbas de olor ácido por mi nariz pero no consiguió apenas nada. Luego cogió alcohol y lo mezcló con naftalina para empapar con este líquido todo mi rostro y mi cabeza. Mis primeras palabras después de tres horas fueron: "Estoy muy mal". Mis compañeros me llevaron como pudieron hasta un chamizo y sobre un viejo camastro descansé aunque no pude dormir. Las alucinaciones duraron en total como unas doce horas mientras mi estómago sólo podía aceptar agua con azúcar y limón. Una vez fuera de la selva, de nuevo en el hotel de Iquitos, estuve dos días sin apenas poder caminar y mi mente estaba tan nublada como mi alma.

Ese fue el extraño final de la ruta que hace pocos años emprendí siguiendo las huellas de los incas, los hijos del sol. Después de un mes de viaje, repasando hoy las fotos de aquella experiencia, sólo pienso que sobre las hermosas cimas de los Andes nació y casi ha

desaparecido una de las culturas más ricas de cuantas han existido en América. Sus misterios perdurarán para siempre.

En cuanto a mi experiencia con la *ayahuasca,* un par de cosas. La primera que no se lo recomiendo a nadie pues es sin duda alguna muy peligrosa. Respecto a las visiones que tuve, muchas dudas. Jamás sabré si lo que vi fue la parte más tenebrosa de mi alma o si tan sólo fue el efecto de la droga más potente que conoce el hombre. Lo cierto, aunque sea del todo subjetivo, es que pocos años antes habían fallecido tanto mi padre como mi madre, y en ese instante a mi hermano le quedaban pocos meses de vida pues un incurable cáncer se había instalado en todo su cuerpo. Por eso siempre me quedaré con la duda acerca de si lo que vi no era más que el reflejo del infierno personal que en ese momento estaba cruzando.

03
La tierra de Dios

Recuerdo que hace unos años mantuve una interesante charla con un sacerdote jesuita acerca de si el demonio, como mal absoluto, existía sobre la faz de la tierra. Por supuesto le respondí que no, que no lo creía, que tal cosa era una invención de la Biblia. Recordaré siempre lo que me dijo: *"Yo pensaba igual que tú hasta que visité el campo de concentración de Auschwizt. Me niego a pensar que tanta crueldad es sólo obra de la mente humana. Por encima de aquello hubo algo incomprensible que encarnaba el mal en su esencia más pura"*. Aquella frase me hizo cambiar de opinión; si tengo claro que existe el bien, como algo puro, ¿por qué no puede existir su antítesis?

Pasó el tiempo y pude ir de viaje a Israel gracias a la invitación que me hizo la oficina de

03 La tierra de Dios

turismo de este país. Quería caminar por Jerusalén, ver el Muro de las Lamentaciones, subir a la mítica fortaleza de Masada, levitar sobre las aguas del Mar Muerto, sumergirme en los misterios templarios de San Juan de Acre y ver con mis propios ojos la colina de Megido, donde según el Apocalipsis comenzará el fin de los días. Era un viaje con una agenda muy apretada sólo con tiempo para visitar lo mencionado y poco más. Cuando estaba en Jerusalén me invitaron a ver YadVashem, el museo del holocausto. La verdad, ni tan siquiera sabía que existía. Dejé las cámaras y fui hasta allí. Jamás pensé que aquella visita me podía impactar tanto.

En medio de la más terrible de las barbaries también hubo un lugar para los justos. Así comienza el paseo por uno de los episodios más bochornosos que el hombre ha escrito a lo largo de la historia, con árboles que nos recuerdan que hay personas capaces de jugárselo todo a cambio de nada: personas como Oskar Schindler, Ángel Sanz Briz, Miep Guies... e incluso ángeles encarnados en humanos, como la enfermera católica Irena Sendler que salvó con sus manos a más de dos mil quinientos niños en el gueto de Varsovia. Allí muchos de los no judíos que ayudaron a este pueblo tienen un árbol plantado en su memoria. Yad Vashem viene de una frase pronunciada por el profeta Isaías: *"Yo les daré lugar en mi casa y dentro de mis muros... les daré*

un nombre permanente (Yad Vashem en hebreo) que nunca será olvidado". Y justo es que no debe olvidarse la masacre de más de seis millones de judíos por los métodos más sádicos y deleznables que uno pueda imaginarse. Justo también es que no se olvide que 24.356 no judíos arriesgaron todo por salvar a otros, sin pedir nada a cambio, dando con sus actos sentido a lo que debe significar la expresión "ser humano".

Yad Vashem es un complejo con diferentes partes al aire libre y varios edificios creados para recordar el mayor crimen cometido en el siglo XX.

Yad Vashem es un complejo con diferentes partes al aire libre y varios edificios creados para recordar el mayor crimen cometido en el siglo XX. Impresiona sobremanera la conocida como "Sala de los nombres", donde están las fichas de buena parte de los algo más de seis millones de muertos, rellenadas por sus familiares. De ellos, más de millón y medio eran niños. Pero, por encima de las cifras, lo terrible del holocausto no fue sólo la masacre por parte de los nazis, sino la colaboración y participación en las matanzas por parte de la población autóctona de muchos países conquistados por Alema-

nia y países como Lituania, Rumanía o Hungría, donde los vecinos denunciaban a los que hasta ahora eran sus amigos judíos para quedarse así con sus tierras y enseres. Los supervivientes de aquel episodio comentan que eso fue lo que más les dolió. Los nazis eran el enemigo, claro, pero lo que jamás nadie podía sospechar era que el odio y el racismo constituían una lacra tan férreamente arraigada en buena parte de la vieja Europa. Valga como ejemplo más aterrador el caso de Lituania, donde 220.000 judíos fueron despojados de sus bienes, las mujeres violadas en su gran mayoría antes de ser asesinadas y los hombres torturados y masacrados por sus propios vecinos, amigos y conocidos, hasta pocas horas antes de la invasión nazi. Todo ello provocó además que buena parte de los supervivientes no pudieran regresar a sus hogares, pues eran exterminados por aquellos que les habían robado, acelerándose así la necesidad de la creación del estado de Israel.

La locura nazi trituró Europa y los valores más básicos de lo humano. Masacraron judíos, homosexuales, gitanos... y a cualquiera que pareciera simplemente distinto. No lo hicieron sólo con el resto de las naciones, en la misma Alemania se puso en marcha la conocida como Operación Aktion T4, en la que más de 200.000 personas fueron exterminadas por ser disminuidos físicos, psíquicos o personas no aptas para la reproducción por tener alguna "tara", sin que apenas nadie protestara. Aunque, en honor a la verdad, hay que decir que el origen de tales barbaridades viene, entre otros, de postulados que diseñó en cierta medida Charles Darwin y que luego de-

03 La tierra de Dios

sarrolló su primo Francis Galton a finales del siglo XIX, hecho que apenas podrán leer en ningún libro de historia, pues los británicos se han encargado muy bien de tapar ciertos aspectos de la vida de Darwin que, siendo un gran investigador, también sentó las bases del supuesto racismo científico, el cual defendió en sus obras.

El fin de aquella locura que infestó todo el planeta tuvo que ser a base de sangre y fuego. No había otra alternativa. Fue la lucha entre el bien y el mal, el enfrentamiento descarnado entre la tolerancia y la barbarie. Y en esas batallas siempre se da cita lo terrible. Si al recorrer Yad Vashem alguien no se estremece es porque no pertenece a la categoría de humano. Todavía recuerdo perfectamente cuando entré en "La sala del recuerdo", donde puede contemplarse "La llama eterna", un fuego que surge del suelo dentro de un cáliz roto. Allí el silencio, la sobriedad y la luz, invitan a la reflexión. No conozco ningún lugar mejor para entender la fragilidad del mundo, un mundo que hemos estado a punto destruir varias veces. Es justo que un sitio así esté en Israel, pues esta nación fue la que siempre señaló Dios como su casa sobre la faz de la tierra, una región que fue hogar de profetas, escenario de grandes milagros y punto de encuentro de culturas muy diferentes entre sí. Un país que me sedujo y me enamoró desde primer instante en que lo conocí.

El centro del mundo

No sé por qué su confusión embriaga. La mezcla de mercadillos, iglesias, callejuelas, mezquitas, sinagogas, sahumerios, le dan sin duda un aspecto único a la vez que incomprensible. Hay mil ciudades mágicas en el mundo pero ninguna es como ésta, porque hasta aquí llegó el rey David para instalar el Arca de la Alianza, en ella el profeta Abraham perdonó a su hijo Isaac, Jesucristo fue asesinado y resucitó, Mahoma subió a los cielos... Es famosa porque en ella reposa la colina más santa de toda la tierra, el Monte Moriáh, único lugar sagrado del mundo para cristianos, musulmanes y judíos, pero la realidad es que la colina no se ve. Hasta ella acuden todas las semanas santas miles de peregrinos que caminan sin cesar por la Vía Dolorosa, el camino que supuestamente recorrió Jesús antes de ser crucificado, pero la realidad es que tales callejuelas son un invento muy posterior y nada tienen que ver con los pasos reales del Nazareno. La roca desde la que Mahoma ascendió a los cielos, venerada por todo el mundo islámico, casi con toda seguridad no es más que una piedra sin importancia que se encontraba en la parte más elevada de la ciudad. Y ni qué decir tiene si analizamos históricamente la ubicación del Santo Sepulcro, ya que éste está puesto al azar sobre un antiguo templo a la diosa Venus del tiempo de Roma, nada que ver casi con toda seguridad con la verdadera crucifixión. Así pues, con la ciencia y la arqueología en la mano, todo en Jerusalén es falso, pero no importa porque la fuerza de la fe es lo que alimenta el alma de una urbe considerada por muchos el centro del mundo.

03 La tierra de Dios

Jerusalén es así, mentirosa y mágica como ninguna otra he visto, porque aunque no se sepa exactamente la ubicación geográfica concreta de muchos de los sucesos aquí acontecidos, el caso es que todos se dieron cita en este lugar. Y esa es su esencia a la vez que su misterio. En una ciudad de tan sólo un kilómetro de lado todo esto sucedió, así que una vez traspasados sus muros da igual el sitio en el que estemos, toda ella es sagrada, toda ella está marcada por la historia y la leyenda. Aunque los hombres continuamente se hayan peleado por ella, Jerusalén sigue siendo peregrina, no sólo acepta a todo tipo de gente, nobles y plebeyos, santurrones y pordioseros, sino que también, sin que sepamos por qué, los atrae hasta aquí. Desde los tiempos de Cristo ha sido conquistada once veces y destruida totalmente en cinco ocasiones, pero nada ha alterado su esencia. Toda esa guerra, toda esa sangre derramada no sirvió para nada, pues la espada o la pólvora jamás cautivarán su espíritu.

Jerusalén, la ciudad del mundo que más guerras ha provocado, significa paradójicamente "la ciudad de la paz". A sus espaldas van ya cuatro mil años de guerra y seguirá siendo eternamente así, de todos y de nadie, pese a quien le pese. Millones de hombres han caminado por sus calles y muy pocos han entendido su mensaje. Si no revela sus secretos y es adorada por todos es porque Jerusalén quiere que sea así. Un lugar de obligado entendimiento entre

diferentes razas, religiones y culturas. Un sitio que nos obliga forzosamente a respetarnos y entendernos, pues ella hace que todas las diferencias sean sagradas y todos los credos válidos. Sus calles nos demuestran que los milagros no tienen exclusiva con ninguna religión, pues Dios es de todos y para todos, siendo irrelevante que a Éste le llamemos Alá, Jesús o Yahvé. Lo importante, lo que Jerusalén nos revela, es que el hombre no puede vivir sin espiritualidad sin lo sagrado, sin lo trascendente. Pues si vinimos al mundo es por algo y Jerusalén nos lo recuerda. No es poco, pues, su mensaje.

Pero vayamos por partes para que puedan entender la historia y el valor de esta ciudad única. Hace 4.500 años Jerusalén era una villa cananea sin importancia, rodeada de una tierra semiárida que apenas servía para el cultivo. Un lugar sin ningún valor económico, ni político, ni estratégico. Todo fue así hasta que hace en torno a 3.000 años el rey David se estableció aquí con todo su séquito y, lo más importante, con el Arca de la Alianza, el objeto que sellaba el pacto de Dios con su pueblo. Por mandato divino, el rey David no pudo construir el templo para los judíos, pues había participado en infinidad de guerras y sus manos estaban manchadas de sangre. Fue su hijo Salomón el que inició las obras del edificio más sagrado de cuantos hayan existido y su ubicación no era casual. Se diseñó

y construyó entorno a la roca en la que el profeta Abraham estuvo a punto de sacrificar a su hijo Isaac. Según nos relata el Antiguo Testamento, Abraham, el primero de los patriarcas, fue obligado por Dios a sacrificar a su primogénito sobre una piedra encima de una diminuta colina llamada Moriáh. Justo cuando iba a cometer el asesinato se le apareció un ángel que le dijo: *"No extiendas tu mano contra el niño ni le hagas nada, pues ahora entiendo que eres temeroso de Dios"*. Acto seguido el ángel le ofreció un cordero, lo degolló y vertió su sangre sobre la roca. Este acto es el que se recuerda todos los años por el pueblo judío en la fiesta del Yom Kipur, la cual rememora el pacto del pueblo de Israel con Yahvé.

En torno a la roca, justo encima del diminuto monte Moriáh, el rey Salomón construyó el Templo. Para su realización contó con los mejores artesanos del mundo y en su interior guardó tres objetos que estaban revestidos por el poder de Dios. El Arca de la Alianza, donde se guardaban las tablas de la ley; La Menorá, un candelabro de oro puro que representaba la luz de Dios sobre la tierra; y el último de ellos era la Mesa de Salomón, que contenía el verdadero nombre de Yavéh, el Shem Shemaforash, que sólo podía ser pronunciado una vez al año por el sumo sacerdote del sanedrín en el Santa Sanctorum del Templo. Este edificio, el que le dio sentido a Jerusalén, fue destruido por primera vez en el año 587 antes de Cristo por el rey Nabucodonosor II. Siglos más tarde fue reconstruido por Herodes y destruido por segunda y última vez en el año 66 de nuestra era por los romanos.

Hoy, en el espacio que ocupaba el templo, está la explanada de las mezquitas, uno de los lugares más sagrados para el Islam. Según el Corán, Mahoma subió a los cielos en un sueño en el que iba acompañado por el Arcángel Gabriel a lomos de su caballo Al Boraq, que significa "la iluminación". Este episodio, conocido como "el viaje nocturno", le llevó hasta Jerusalén y el lugar exacto desde el que partió a los cielos para reunirse con Dios fue la roca sagrada del monte Moriáh en la que Abraham había perdonado a su primogénito. Allí está hoy en día la Mezquita de Al Aqsa y el Domo de la Roca que recubre la piedra sagrada, dos edificios islámicos que rememoran tal epopeya. Este es el comienzo del gran conflicto de Jerusalén, pues resulta que uno de los lugares más sagrados para el Islam y el judaísmo es exactamente el mismo. Los judíos no pueden además reconstruir por tercera vez el templo sin que ello conlleve el comienzo de una tercera guerra mundial. Si a ello le sumamos que la basílica del Santo Sepulcro, el lugar donde Jesús fue supuestamente crucificado y resucitó, está a escasos quinientos metros del Monte Moriáh, entenderemos todas las guerras que ha provocado Jerusalén.

La disputa está incrustada en la genética y en la construcción de la ciudad. En el siglo XVI, el sultán Suleimán el Magnífico fue el que la remodeló levantando la muralla actual que tiene ocho puertas de entrada, pero una de ellas está tapiada. Cuando estaba terminando su gran obra los rabinos advirtieron al monarca sobre la profecía que habla de la llegada del Mesías, que recuperará Jerusalén para su pueblo. Suleimán les preguntó a sus vecinos por dónde entraría el nuevo Rey de los Judíos, y ellos le respondieron que por la puerta del este, la que da a los restos del Templo. Así que, ni corto ni perezoso, el gobernante mandó tapiar la que se conoce como Puerta Dorada, poniendo un cementerio musulmán delante de la

03 La tierra de Dios

misma y convirtiendo por tanto el terreno en un sitio impuro, de manera que ni tan siquiera los rabinos pudieran merodear por el citado lugar. Si algún día el Mesías regresara y quisiera entrar por ahí haciendo válida la profecía, se encontraría que detrás de la puerta tapiada además hay una mezquita, así que el recibimiento no sería muy cariñoso que digamos.

Hoy en día la ciudad está dividida en cuatro barrios: el armenio, el judío, el cristiano y el musulmán, que es el más extenso, más la explanada de las mezquitas. No hay fronteras entre ellos pero se diferencian rápidamente por las personas que habitan sus casas. No me pregunten por qué, ya que no sabría responderles, pero lo que en verdad me atrapó fue el Muro de las Lamentaciones. Algunas noches me despertaba de madrugada pensando en él. Ni corto ni perezoso me vestía, salía de mi hotel y me iba hasta allí. Me ponía una kipá (es obligatorio colocársela para acercarse hasta el mismo), cogía una silla y estaba allí sentado pensando una o dos horas antes de regresar a mi descanso. No sé por qué lo hacía, eso sí, cuando estaba a su lado sentía una paz tan profunda como pocas veces he experimentado en toda mi vida.

Después de unos días recordé que Jerusalén. Además de seducir a sus visitantes, tiene la capacidad de volverlos locos. Entre los años 1.979 y 1.993 el doctor en psiquiatría Yair Bar El examinó a 470 turistas que fueron declarados temporalmente dementes. Todos padecían delirios mesiánicos, creían ser la reencarnación de personajes bíblicos o sentían de repente que su vida tenía un sentido trascendente no para ellos, sino para toda la humanidad. Así fue como este médico israelí tipificó el que desde entonces se conoce como "síndrome de Jerusalén", un trastorno mental que no suele durar más de cuatro o cinco días, aunque algunos casos se hicieron irreversibles. Lo más curioso de todo es que el uno por ciento de estos pacientes eran ateos. De todas formas no teman, les recomiendo encarecidamente que visiten este lugar; que respiren lo sagrado, que se mezclen con sus peregrinos, que visiten los santos lugares, pues hay

> ...este médico israelí tipificó el que desde entonces se conoce como "síndrome de Jerusalén", un trastorno mental que no suele durar más de cuatro o cinco días...

algo en ellos que nos hace revivir, que nos empuja a seguir luchando, que nos recuerda que la vida tiene sentido.

Díganme, después de lo expuesto, si conocen otra ciudad tan mágica, fascinante e incomprensible como ésta. La Jerusalén eterna, donde Dios con diferentes nombres puso su casa para mayor entendimiento entre los hombres.

A orillas del Mar Muerto

Un hombre llamado Jesús nació en Belén y el mundo cambió por sus obras y la magia de su verbo. Nos habló de una tierra más justa, donde nadie era más que nadie. Predicó la palabra de un Dios bondadoso que perdonaba nuestras debilidades y nuestros pecados. Los poderosos no podían tolerar tanta insolencia, tal rebeldía, y aquel hombre fue crucificado. Pero su tormento le encumbró aún más y lo convirtió en mártir. Para muchos aquello demostró incluso que

era Hijo de Dios. Lo cierto es que este hombre cambió la historia. Por sus palabras Roma cayó y su doctrina se extendió por los cinco continentes con tal fuerza que dos mil años más tarde un tercio de la humanidad es cristiana. Hay diferentes credos, algunos de ellos con grandes diferencias entre sí, pero todos de una manera u otra siguen sus designios. Nadie ha influido en la historia tanto como Jesús de Nazaret. Para muchos Dios hecho hombre, un Mesías, un Enviado. Pero ¿hubo credos que pregonaban una filosofía de vida cristiana antes de la llegada de Cristo? Casi con toda seguridad, sí.

El Mar Muerto es un lugar que insta a todos los que llegan a bañarse a sus orillas. Sus barros medicinales tienen fama mundial y ya los utilizaba la mismísima Cleopatra hace más de dos milenios. Aquí, en sus orillas, el aire es un quince por ciento más denso, siendo éste el lugar más rico en oxígeno de toda la tierra, ya que estamos a más de cuatrocientos metros por debajo del nivel de los océanos. Pero si me desplacé hasta allí no fue para darme ungüentos de barro y sales minerales. La culpa de mi periplo hasta el desierto de Judea la tiene un pastor beduino que descuidó sus cabras allá por el mes de marzo de 1.947. Se llamaba Mohamed Ab Dib, aunque era conocido por sus amigos por el sobrenombre de "el lobo". Cuando se extravió parte de su ganado fue junto a uno de sus primos a buscarlo. Subió por un desfiladero, vio una cueva, tiró una piedra a su interior y sonó a roto. La curiosidad le hizo trepar hasta la caverna y, al penetrar en su interior, descubrió gran cantidad de vasijas de barro, muchas de ellas rotas por el paso del tiempo. Dentro de las mismas halló diferentes pergaminos envueltos en tiras de lino recubiertos por una sustancia impermeable como la cera que los preservó del transcurso del tiempo. Mohamed no pudo leer nada, pues los textos no estaban escritos en árabe, pero pensó que su hallazgo podía tener cierta importancia. Recogió los manuscritos y los llevó a un anticuario donde los vendió por una pequeña cantidad de dinero. Sin saberlo, este hombre del desierto había cambiado la historia.

> Los "Rollos del Mar Muerto" son en total seis libros escritos en hebreo y en arameo por una secta que se hacía llamar "los esenios".

Una buena parte de los textos descubiertos en las cuevas cercanas al Mar Muerto acabaron en manos del arqueólogo israelí Eleazar Sukenik, que los adquirió al darse cuenta de que podían tener un gran valor. Al ser cotejados por otros historiadores, como el norteamericano John C. Trever, director de la Escuela de Investigaciones Orientales, se puso de manifiesto su tremenda importancia. Los conocidos desde entonces como "Rollos del Mar Muerto" son en total seis libros escritos en hebreo y en arameo por una secta que se hacía llamar "los esenios". Su principal lugar de residencia era un poblado llamado Qumram, a orillas del Mar Muerto, cuyas

ruinas son hoy en día visitables. Los restos de los edificios que habitaron están muy cerca de las cuevas en las que se descubrieron los escritos, quedando su autoría más que clara. Los asentamientos humanos en el lugar datan del año 700 antes de Cristo, pero el esplendor de Qumram a manos de los esenios se dio desde el 250 antes de Cristo hasta el año 66 de nuestra era. Los pergaminos fueron todos escritos en esta última etapa.

Los esenios eran una secta judía que se caracterizaba por su gran austeridad. Vivían aferrados a la pobreza como si esta infundiera fuerza a sus almas. Básicamente, los que vivían en Qumram eran un grupo de ascetas que habían consagrado su existencia a la humildad, la disciplina y el estudio de la ley. Retirados en el desierto, y he aquí lo más importante, se dedicaban a predicar entre otras cosas la próxima llegada del Mesías. En cierta medida tuvieron razón, pues Jesús de Nazaret fue el verdadero Enviado de Dios para una buena parte de los judíos que habitaban Israel hace ya casi dos mil años. No todos los esenios vivían en Qumram, había pequeñas comunidades en otras ciu-

dades, pero sin duda alguna la élite de sus pensadores habitaba en el poblado que se encuentra a orillas de Mar Muerto.

Cuando entraban en la secta todos los bienes del adepto pasaban a pertenecer a la comunidad. Se tardaba dos años de prueba hasta que el nuevo discípulo era aceptado. Dedicaban una buena parte de su tiempo a las abluciones o baños rituales, de ahí que sean muchos los que afirmen que Juan el Bautista era esenio. Por la forma en que actuó no es una idea descabellada, aunque no hay manera de demostrarlo. También hay quien piensa que Jesús era esenio, lo cual es harto difícil de comprobar. Aunque lo que sí puede ser cierto es que el Nazareno estuvo en contacto con ellos, tomando de este grupo su concepto de vida austera para su filosofía cristiana. Los esenios se hacían llamar "la congregación de los pobres"; si uno escucha las palabras del Papa Francisco dos mil años más tarde parece que el Sumo Pontífice comparte preceptos de esta secta religiosa mucho más allá de su existencia. El Papa, para predicar a favor de una iglesia austera se basa en las palabras de Jesús. No es descabellado por tanto pensar que el Mesías estuvo en contacto con los esenios. Otras curiosidades son que los miembros de esta congregación solían

ser célibes, igual que los sacerdotes católicos actuales, aunque en algunos casos estaba permitida una estricta monogamia. Otra cosa que llama la atención es la sobriedad de las tumbas encontradas en el desierto de Judea. Sus enterramientos están compuestos por el cadáver y nada más, sin que se haya encontrado ajuares funerarios. Exactamente igual que hoy hacemos los cristianos.

Los esenios se dedicaban, entre otras cosas, a investigar las propiedades curativas de las plantas y el poder de los minerales. Este tipo de hechos tan extraños ha hecho que muchos investigadores afirmen que esta secta era en verdad un grupo esotérico con conocimientos que hoy se han olvidado. Algunos de sus textos son tremendamente crípticos, sólo aptos para los iniciados. Destaca una figura que se conocía como el "Maestro de Justicia" que es además el narrador de una de las obras que aparecieron en las cuevas, "El comentario de Habacuc". Este personaje tuvo gran importancia dentro de la congregación, no conocemos su verdadero nombre y son muchos los que piensan que él fue el artífice de que los miembros más importantes del grupo se desplazaran hasta Qumram para quedarse allí a vivir, lo cual pudo acontecer en torno al año 150 antes de Cristo. Pero todo esto no dejan de ser más que conjeturas, como lo es también pensar que el Nazareno fue quien tenía el mismo cargo tiempo más tarde, afirmación basada en la palabra "maestro", que es como llamaban a Jesús sus discípulos.

Además de la mencionada obra aparecieron en total otros cinco libros más en las cuevas de Qumram. El libro de Isaías, escrito en arameo; El Libro de Lamec, que lleva comentarios sobre el Antiguo Testamento; otro de Himnos de Acción de Gracias; y otros dos que son desde mi punto de vista los más destacados: Un "Manual de Disciplina" donde aparece reflejado un concepto de austeridad que mucho tiene que ver con lo que más tarde será lo cristiano; y otro titulado "Manuscrito de los Hijos de la Luz contra los Hijos de las Tinieblas", que pone de manifiesto la eterna lucha entre el bien y el mal, tal y como tiempo más tarde nos contaría también Jesús.

La mayor parte de los textos encontrados se pueden ver hoy en el Museo de Israel que se encuentra en Jerusalén. La existencia de los esenios desde mi punto de vista no debe quitar ni un ápice de importancia a la obra de Cristo. El hecho de que Jesús, como hombre, y sobre todo como judío, estuviera en contacto con grupos de personas de su misma religión que predicaban una doctrina afín a sus pensamientos y que tomó como suya, no tiene por qué ser una herejía. Dicen algunos escritos que una de las cualidades de los más sabios entre los esenios era la de adivinar el futuro. Así se convencieron de la llegada del Mesías. Lo más sorprendente es que el tiempo les dio la razón. De una forma u otra lo que queda claro es que esta congregación de pobres, que se estableció a orillas de un mar cuajado de sal, influyó en pensadores de su época. Posiblemente nunca sabremos si Jesús perteneció a esta congregación, aunque sobre el hecho de que sus ideas calaron en el Nazareno, desde mi punto de vista, al menos, no cabe la menor duda.

03 La tierra de Dios

La fortaleza inexpugnable

Muy cerca del Mar Muerto se alza desafiante una diminuta montaña coronada por una meseta de algo más de nueve hectáreas. He dicho bien, desafiante, porque desde su cima se desafió a todo un imperio. Fueron pocos, no más de mil, contando hombres, mujeres y niños, frente al poder de Roma. La suerte estaba echada desde el comienzo de la batalla, estaba claro quiénes serían los vencedores y quiénes los vencidos. Ya todo Israel había caído. Pero la historia la escriben los hombres con sus actos, su coraje y su valor, por encima del uso de las armas. Hoy en día Masada, así es como se llama esta montaña, es un reclamo turístico, pues las ruinas situadas en su cima parecen la obra imposible de un puñado de locos, además de ser el monumento que rememora la resistencia judía. Una lucha que comenzó aquí y que ha costado millones de muertos durante casi dos mil años; millones de almas que perecieron por una idea de libertad y de pertenencia a una nación.

La historia de Masada o Metsadá, palabra que significa "fortaleza", hay que remontarla hasta hace 6000 años, momento en que diminutos grupos de pastores semi nómadas se afincaron en algunas de las cuevas que hay en sus acantilados, aunque toma relevancia en la historia en el año 40 antes de Cristo, cuando Herodes el Grande manda construir en su cima una fortificación donde poder resguardarse de los ataques enemigos. Las obras que hoy pueden contemplarse parecen un milagro, pues Masada está en pleno desierto de Judea, donde apenas hay agua. Los acantilados que la rodean la convierten en casi inexpugnable, pues van desde los cuatrocientos metros hasta los cien de pared de roca. Tan sólo existen dos caminos para subir hasta su punto más alto, y los dos son senderos más propios para ser practicados por cabras que por hombres. El esfuerzo de construir la fortaleza y la gente implicada en el mismo tuvo que ser colosal. En la explanada superior podemos encontrar palacios, murallas, aljibes, edificios para los soldados, almacenes, campos de cultivo y todo lo necesario para que en su interior se resguardara Herodes junto con su corte durante mucho tiempo. El mayor milagro de este lugar es la astucia

> *La historia de Masada o Metsadá, palabra que significa "fortaleza", hay que remontarla hasta hace 6000 años...*

que mostraron sus constructores para solucionar el problema del agua. Cerca de la montaña hay dos wadis, dos cauces secos de río donde se erigieron dos presas con sus correspondientes acueductos para poder llevar agua hasta la cima. En el desierto de Judea llueve muy poco, pero cuando lo hace suele hacerlo algunas veces de manera torrencial, así que era necesario aprovechar este elemento. Para guardar agua de los wadis y de la lluvia se construyeron doce cisternas enormes excavadas en la roca con una apertura mínima para solucionar el problema de la evaporación. Entre todas podían almacenar hasta cuatro mil metros cúbicos de agua, dicen los estudiosos que algo más de cincuenta millones de litros, lo que surtía al lugar del líquido necesario para las personas, el ganado y los huertos donde se plantaban hortalizas y legumbres. Es más, sobraba agua para diferentes baños públicos que hay construidos e incluso para un "mikve" o lugar donde se realizan las abluciones de purificación propias del judaísmo. Masada era por tanto una fortaleza donde se podía vivir largo tiempo sin necesidad de bajar de su cima para nada.

03 La tierra de Dios

Expedición a los **mundos perdidos**

03 La tierra de Dios

Herodes el Grande la construyó pensando en que en ella se podía refugiar de los levantamientos de su pueblo y de los previsibles ataques de Roma, pues en aquella época Marco Antonio, seducido por Cleopatra, tenía un ansia de guerrera sin fin, aunque al final jamás se utilizó para eso. Pasaron los años y la provincia de Judea se anexionó a Roma y fueron sus soldados los que se asentaron en el lugar pero sin darle mayor importancia. Así transcurrió la historia de la fortaleza hasta el año sesenta y seis después de Cristo, momento en el que comenzó la revuelta de la población judía contra sus opresores. En apenas tres años todo Israel había caído, toda su población era esclava de Roma, los hombres deportados, las mujeres violadas, los niños vendidos al mejor postor. No quedaba ya lugar para la esperanza.

Justo en ese instante un grupo de zelotes, una secta judía que había participado en el alzamiento, tomó Masada. Los zelotes o zelotas seguían a rajatabla la Ley Mosaica, enfrentándose a Roma, pues no podían concebir que su país estuviera gobernado por extranjeros. Su brazo armado eran los sicarios, palabra que se sigue utilizando en la actualidad para designar a los asesinos a sueldo. Los sicarios auténticos, los guerreros zelotes, no mataban por dinero. Utilizaban un cuchillo curvo que manejaban con extraordinaria habilidad llamado sica, de ahí su nombre. Causaron gran cantidad de bajas entre los romanos asesinando sobre todo a sus líderes para causar temor y desánimo en la tropa. Pero ellos también habían

perdido la guerra. Tras la caída de Jerusalén en el año setenta después de Cristo, el líder de los zelotes, Eleazar Ben Yair, se fue junto con sus hombres a refugiarse a Masada. Pero hasta la fortaleza no sólo llegaron soldados, también mujeres y niños y, muy posiblemente, otros judíos que huían de la opresión romana. Los invasores conocían bien la fortaleza y mandaron para su asedio al general Lucio Flavio Silva, que llevó tras de sí a una legión, cuatro cohortes y dos alas de caballería. Alrededor de diez mil soldados más otros cuantos miles de esclavos judíos que les harían labores de intendencia. El general mandó construir una muralla que rodeaba a los rebeldes y ocho campamentos cuyos restos son todavía visibles en la actualidad. Así pasaron los meses, los años, pero Masada no caía, se resistía al yugo romano con la consecuente desesperación de una tropa que tenía que vivir en medio de un erial sin obtener resultado alguno.

Lucio Flavio Silva se dio cuenta de que su esfuerzo era inútil, pues en la cúspide de la montaña los rebeldes seguían subsistiendo sin problema alguno. Entonces ideó un plan para el asalto definitivo en la primavera del año setenta y tres después de Cristo. Reunió a miles de esclavos judíos que iban a trabajar en una de las mayores rampas que jamás ha construido el hombre. Con una base de ciento noventa y seis metros por cien de altura, sus restos siguen todavía allí poniendo de relieve la tremenda obra de ingeniería que se debió realizar removiendo miles de toneladas de tierra y piedras. Al utili-

03 La tierra de Dios

zar mano de obra judía, y ser los zelotes estrictos seguidores de la Ley, no podían lanzar flechas ni otros artefactos que mataran a sus hermanos ya que no habían cometido acto injusto alguno. Cuando la rampa estuvo casi terminada los romanos comenzaron a subir por ella sus máquinas de guerra: catapultas que lanzarían vasijas con brea incendiada y piedras que iban impactando dentro de la zona fortificada. Así hasta que pudieron subir por ella una torre de asalto de treinta metros de altura, forrada con hierro y provista de un ariete para abrir un hueco en las defensas. A mediados de abril se produjo el asalto definitivo. Tras romper la primera muralla los romanos observaron cómo los zelotes habían construido una segunda pared con tierra y madera, de manera que el ariete no podía penetrarla. Así que decidieron incendiarla y esperar a la mañana siguiente para dar el golpe final, pero sucedió algo inesperado que nadie podía imaginar.

Cesado el ataque, Eleazar Ben Yair reunió a todos los que seguían con vida y les propuso morir antes que vivir de rodillas. Si los romanos entraban los hombres serían crucificados, sus mujeres humilladas y vejadas ante sus ojos y sus hijos vendidos como esclavos. Si se quitaban la vida con honor su ejemplo haría mella en el resto de los judíos y todavía quedaría esperanza. Si no podían ser libres en esta vida lo serían en el más allá junto a sus seres queridos. Tomada la decisión, cada hombre mató a su mujer y sus hijos. Los diez mejores espadachines degollaron al resto de rebeldes. Y entre estos diez últimos echaron a suertes quién terminaba con los otros nueve, pues el último, al tener que suicidarse, no podría subir al reino de los cielos como dicta la Ley Mosaica. Lo planearon y lo ejecutaron convirtiendo la cúspide de Masada en un mar bañado en sangre de mártires. Tal y como recogió más tarde el historiador Flavio Josefo, las palabras de Eleazar Ben Yair fueron las siguientes:

> "Considerar como un favor que Dios nos ha concedido el que esté todavía en nuestras manos el morir valientemente, y libres, lo cual no fue el caso de otros que fueron conquistados por sorpresa... dejemos morir a nuestras mujeres antes de que abusen de ellas, y a nuestros hijos antes de que hayan probado la esclavitud; y después de haberlos matado, concedámonos tal beneficio mutuamente, y conservémonos nuestra libertad como un ejemplar monumento funerario."

Dicen las crónicas que cuando los romanos entraron en Masada el silencio les sobrecogió. Tras pasar las cenizas ardientes de la última muralla el olor a muerte penetró hasta lo más profundo de

sus entrañas. Los cuerpos sin vida de cientos de hombres, mujeres y niños se apilaban por todos los rincones. Al alba sólo los cuervos y la tibia brisa se daban cita en la fortaleza. Los conquistadores jamás comprendieron aquel gesto. Les pareció una locura a la vez que les horrorizó. Aquel día de abril del año setenta y tres después de Cristo marcó el comienzo de la diáspora judía que ha durado casi dos mil años. Hasta el catorce de mayo de 1.948, cuando se proclamó el estado de Israel. De la matanza sólo se salvaron dos mujeres y cinco niños que se escondieron en una de las cisternas. Estos fueron los encargados de contar a Flavio Josefo lo sucedido. Además, los zelotes ordenaron quemar todos los objetos de valor, pero dejaron los almacenes repletos de comida para que los romanos vieran que podían haber aguantado un tiempo más el asedio.

Está claro que Elezar Ben Yair perdió la batalla por el control de Masada, pero su gesto caló hasta en el último judío de la tierra, pues nada hay más importante que la libertad y poder vivir en paz rodeado de los tuyos. Dos mil años después de aquella gesta Israel es una realidad y Roma sólo un recuerdo. Juzguen ustedes mismos quién ganó la lucha que se produjo en la fortaleza inexpugnable. Muchas veces un gesto, aunque parezca una locura, puede ser más fuerte que el mayor de los ejércitos. Los que estaban dentro sabían que iban a morir, eso era irremediable, pero mejor a manos de un amigo, esperando un reencuentro en el más allá, que a manos de un invasor que después traficaría con sus familias.

Los trabajos de excavación de Masada comenzaron en el año 1.963 dirigidos por el arqueólogo Yigael Yadin y se convirtieron en una cuestión de estado. Hasta el desierto de Judea acudieron más de cinco mil voluntarios de veintiocho naciones diferentes. Duraron dos años y en ellas se encontraron los restos de treinta de los habitantes del sitio romano, hombres, mujeres y niños. A todos ellos se les realizó un funeral de estado con honores en 1.969, cerrándose así una página de la historia que jamás debía de haberse escrito. En la actualidad miles de hombres y mujeres acuden todos los años hasta este lugar para jurar: "Masada no volverá a caer". Este es el juramento que hacen a día de hoy todos los soldados de Israel.

Expedición a los mundos perdidos

Si se documentan sobre Masada y su historia verán que hay mil y una polémicas entorno a lo allí sucedido. La realidad incuestionable es que los zelotes y los habitantes de la fortaleza se suicidaron encontrando los romanos tras el asedio desolación y poco más. Muchos siguen tachando el ejemplo de aquellos valientes como una locura o una estupidez. Para mi estúpido es ser esclavo de otros. Jamás criticaré a aquellos que dieron su vida por ser libres aunque fuera en el más allá. He recorrido más de medio mundo y nunca me he encontrado con un inmortal, todos un día más tarde o más temprano, nos iremos. De nosotros depende que mensaje dejaremos a las generaciones venideras, pues de nuestros actos otros aprenderán y obrarán en consecuencia. El mensaje que dejemos será lo que nos haga realmente inmortales o, por el contrario, lo que nos condenará a ser un tímido recuerdo; una sombra sin sustancia que habrá existido sin más. Merece por tanto la pena no dejar de luchar.

04
El país del Edén

Su imagen se ha hecho mundialmente conocida pero nadie sabe por qué. Será que sus movimientos nos relajan, o quizás sencillamente nos asombran, pues nos parecen fruto de una ceremonia tan pretérita como incompresible. Al comienzo el silencio es solemne, como silencio había antes de que nada existiera. Entonces la palabras del *sheg*, o maestro, pronuncian las mismas sílabas que salieron por la boca del Profeta. Igual que el silencio de la noche se rompió porque Dios ordenó que la luz alumbrara el universo. Después suena la percusión con el mismo estruendo que debió tener el sonido de

04 El país del Edén

la creación. Más tarde los fieles, ataviados con trajes de un blanco inmaculado, se inclinan ante el sabio y se van repartiendo por la sala mientras giran en armonía envueltos por la música. Una mano vuelta hacia el firmamento, la otra hacia el suelo, ya que todos los hombres están bendecidos con el soplo divino pero nuestra existencia en este momento está sobre la Tierra. Y así los místicos giran y giran, como giran los planetas, las galaxias y posiblemente todo el universo.

El sema es casi con toda seguridad una de las ceremonias religiosas más filmadas y fotografiadas del planeta. Ofrecida hoy en día como un espectáculo turístico, su profundidad, su sencillez y su significado van mucho más allá del movimiento acompasado de los derviches, pues a través de ella los sufíes, una rama esotérica del islam, muestran a millones de curiosos su particular visión de la creación y del orden que rige el universo. Todo en la ceremonia es simbólico. Siguiendo las enseñanzas del fundador de la orden, Yalal Ad Din Muhammad Rumi, más conocido como Mevlana, sus discípulos muestran al viajero a través de signos sólo válidos para los iniciados, un conocimiento ancestral. Cada uno de los danzantes ocupa su lugar como todas las cosas tienen su sitio en el mundo, todos giran y se mueven como se mueve todo lo que nos rodea. Y dentro de esa danza que simboliza la vida misma es donde debemos encontrar nuestro camino. Cada uno el suyo propio. Por eso los derviches llevan un gorro marrón conocido por el nombre de semazen, que representa la lápida que un día decorará nuestros restos. Su atuendo es blanco satén como blanca debe ser la mortaja que envuelve el cuerpo de un musulmán cuando va a la tumba. Así de sencilla debería de ser la vida. Así representa el sufismo su filosofía de vida, aceptando que todo es perfecto tal y como es, por eso Dios lo ha creado.

> ... a través del sema los sufíes, una rama esotérica del islam, muestran a millones de curiosos su particular visión de la creación y del orden que rige el universo.

El sufismo es la rama más flexible del islam, que con su particular forma de entender las enseñanzas del Profeta se ha extendido hoy por medio mundo. Su principal ciudad de culto es Konya, donde se encuentra la tumba de Mevlana. En contraposición a la Meca, que sólo puede ser pisada por musulmanes, la llamada sufí se dirige a todos aquellos que buscan algo nuevo para sus vidas. Así, en sus enseñanzas, Rumi dijo: *"Ven, seas quien seas"*. Esta frase resume el alma de Turquía, un país cuya historia camina entre Europa y Asia, a caballo entre dos mundos, donde no deja de manifestarse realmente lo más sorprendente de ambos.

El mundo sobre una piel de gacela

Cuatrocientas cuarenta y cuatro espadas bastaron para crear un imperio. Así lo narra la leyenda y así lo cuenta la historia. Los otomanos eran un diminuta tribu de la Península de Anatolia que abrazó el Islam allá por el siglo XIII. Jamás nadie les dio importancia porque nunca la tuvieron. Pero al cambiar su fe y su forma de vida, parecía que el mismísimo Alá les protegía. No hay otra manera de explicarlo. Entraron en la historia ganando todas sus batallas en inferioridad numérica, aliándose con los musulmanes en contra de las invasiones mongolas que castigaban su tierra. Podían haberse aliado con cualquiera, pues hasta esa fecha eran animistas. Sin embargo, se acogieron a las palabras del Profeta y esta diminuta tribu de algo más de cuatro mil personas y cuatrocientos cuarenta y cuatro soldados, se hizo en pocas décadas con el control de bastas extensiones de Oriente Medio. En pocos siglos crearon un imperio que duró hasta hace apenas cien años.

Pero no todo en el imperio otomano fue guerra. El sueño de los turcos era crear un gran reino donde convivieran musulmanes,

04 El país del Edén

cristianos y mongoles con su capital en Estambul. Para demostrar su anhelo muchos monarcas dejaban libres a prisioneros de guerra permitiendo que se asentaran en una ciudad mágica. Hoy Estambul es una maravilla que atrapa a millones de turistas todos los años. Algunos de sus barrios todavía guardan el encanto de un lugar que fue encrucijada de la ruta de la seda y de las especias, un sitio al que llegaban mercaderes de lejanas tierras con productos exóticos que más tarde serían vendidos a los más pudientes nobles y monarcas europeos. Siempre que voy a Estambul me voy a cenar pescado fresco al Cuerno de Oro, puerto natural desde el que se domina el Bósforo. Su bullicio, su olor a tabaco mezclado con aroma de manzana y sus puestos callejeros son un lugar ideal para perderse. Esa extraña mezcla que se puede ver en pleno siglo XXI me hace comprender cómo debió ser esta ciudad hace cinco siglos. Esa es la fecha a la que debo viajar con la imaginación para desentrañar uno de los mayores enigmas que desde mi punto de vista existe en la actualidad.

Lo he intentado mil veces aunque siempre he recibido un no por respuesta. La sonrisa de los funcionarios del palacio de Topkapi cuando me dicen que es imposible, se mezcla en mi mente con las de las cientos de concubinas que antaño habitaron aquí para hacer las delicias del sultán. El harén estaba compuesto por entre cuatro-

cientas y ochocientas mujeres. Sólo los eunucos y el rey podían verlas. Pero no estoy aquí para investigar eso. Mi intención es la de poder ver un trozo de piel de gacela sobre el que hay dibujado un mapa que pone patas arriba el concepto de la historia que en este momento tenemos.

> Mi intención es la de poder ver un trozo de piel de gacela sobre el que hay dibujado un mapa que pone patas arriba el concepto de la historia que en este momento tenemos.

Al menos recibo un CD por parte de los funcionarios donde está escaneado al detalle el plano de la discordia.

Estaba guardado en un cofre, como un tesoro, y realmente lo era. Los empleados del museo de Topkapi lo sacaron de su olvido por casualidad. Me lo imagino apilado entre miles de artilugios inservibles, como si fuera otro capricho más del gusto barroco del sultán. Sin embargo, fue más bien un secreto de Estado, tan oculto que hasta la historia se olvidó de su existencia. Fue en 1.929, realizando un inventario de los objetos que allí se guardaban, cuando un grupo de funcionarios desempolvó un viejo mapa dibujado sobre piel de gacela. El pergamino llegó así hasta las manos del director del museo, Halil Eldem, que tras cotejar la fecha de su manufactura y los datos que había en él, no pudo salir de su asombro. El mapa en cuestión fue dibujado por el almirante turco Piri Reis Ibn Hadji Mehemet, un marino y erudito del imperio otomano que recorrió buena parte del mundo conocido y hablaba cinco idiomas. Además del turco se defendía en español, griego, italiano y portugués. Estuvo en contacto con otros grandes marinos de la época, pero los conocimientos necesarios para elaborar un documento así los tuvo que coger de diferentes mapas que por desgracia se perdieron. El pergamino que hoy se guarda en el palacio de Topkapi es la mitad de un atlas mundial cuya otra parte está perdida o guardada en un lugar desconocido. Se elaboró en 1.513 en la ciudad de Gallipoli, según anotaciones del autor, utilizando para ello 20 cartas y mapamundis del tiempo de Alejandro. Utilizando ese saber perdido el almirante Piri Reis puso sobre aquella piel infinidad de elementos que a día de hoy desafían nuestro concepto de la cartografía.

En su atlas se puede ver con exactitud plasmada la costa oriental de América antes de que nadie lo hiciera. Pero no sólo eso, en su carta aparece la Isla de Marajó, en la desembocadura del río Amazo-

04 El país del Edén

nas y éste mismo, antes de que Orellana navegara por aquellos lugares en 1.541; la costa de la Patagonia antes de su descubrimiento en 1.521; las Islas Malvinas antes de que cualquier occidental las pisara en 1.591; la Cordillera de los Andes antes de que los españoles camináramos por sus cimas; o lugares que se descubrieron ya en pleno siglo XVIII, como las Islas Shetland del Sur a las que llegó el almirante holandés Roggewen debido a una tempestad. Todos estos datos ponen encima de la mesa un hecho que por muchos motivos sería incuestionable, y es que América era un lugar visitado pero su existencia se mantuvo oculta y era conocida entre muy pocos como un secreto de Estado. Información reservada a la que tuvo acceso Cristóbal Colón antes de su partida desde Puerto de Palos. Pero el gran misterio del atlas de Piri Reis no es ése. Sobre esta piel de gacela olvidada el almirante turco dibujó las costas de la Antartida sin hielo, hecho que no sucede desde hace 11.000 años, justo en el momento del final de la última glaciación. Si la carta está copiada de una anterior, ésta se hizo en aquella época, en la que supuestamente los hombres apenas nos vestíamos con taparrabos. Es más, Piri Reis dibujó la Antártida unida con América del Sur, tal y como sucedió hace 11.000 años cuando el mar tenía 140 metros de profundidad menos que ahora. Y no sólo eso, sino que la costa de la Península de la Reina Maud en el continente hoy helado, está hecha con una exactitud propia del siglo XXI más que de hace quinientos años. De igual forma el extremo occidental de Cuba está representado en este atlas por varios islotes, tal y como era realmente en el mismo tiempo en que las costas de la Antártida no tenían hielo.

Para muchos, partes del mismo fueron copiadas de cartógrafos chinos o bien de otras cartas que en su momento estuvieron en la desaparecida biblioteca de Alejandría.

El almirante turco Piri Reis entregó su atlas, del que hoy tan sólo nos queda la mitad, al sultán Selim I en El Cairo. Una de las acotaciones del mismo dice lo siguiente: *"No hay otro mapa así en este siglo en manos de nadie"*. No se equivocaba. Las fuentes de las que bebió el marino para elaborar un documento así son hoy en día realmente el gran enigma. Para muchos, partes del mismo fueron copiadas de cartógrafos chinos o bien de otras cartas que en su momento estuvieron en la desaparecida biblioteca de Alejandría. Pero nada de esto explica cómo está representada la Antártida en un tiempo tan remoto. Una época en la que sólo habitaban la Tierra los hombres, los dioses y las leyendas. Quizás habrá que recurrir a ellas para encontrar algún día a aquel que dibujó nuestro mundo con total exactitud en plena Edad de Piedra.

El reino olvidado

Tan sólo la inteligencia de un rey sabio a caballo entre dos imperios en continua guerra fue capaz de idear algo así. Harto de batallas y disputas religiosas, los soberanos de Comagene fundieron los dioses de oriente y occidente, pues comprendieron que eran inútiles las luchas en torno a figuras que a buena cuenta representaban lo mismo. Así el Mitras persa y el Apolo griego se unieron en un mismo rostro; de igual manera Teleia y Hera, Helios y Hermes y un largo etcétera de seres celestiales pasaron a tener un mismo rostro. Es complicado afirmar con total certeza en qué momento sucedió esto en la región más septentrional de Anatolia, aunque para muchos historiadores fue el rey Mitriades I el que creó tan singular sincretismo allá por los finales del siglo II antes de Cristo. Su Estado, conocido como Comagene, es casi como un fantasma en la historia si no fuera por la maravillosa tumba que nos legó su hijo y que a día de hoy continúa tan fastuosa como repleta de enigmas.

04 El país del Edén

No fue hasta el año 850 antes de Cristo que por primera vez aparece en textos asirios la palabra Comagene, pero realmente esta región a caballo entre oriente y occidente ocupa un lugar muy discreto en su contexto geográfico y político, hasta que en el año 130 antes de nuestra era adquiere por fin su independencia. Fue quizás un estado tapón que interesaba tanto a romanos como a persas, pues así sus ganas de lucha quedaban aplacadas por la diplomacia que supieron ejercer sus reyes. De todas formas la subsistencia de este pueblo en una época tan convulsa se apoyó también en su peculiar forma de hacer la guerra. No sabemos qué sabios hubo hace más de dos mil años en esta zona, pero crearon realmente artilugios que les hicieron ser respetados y temidos por sus belicosos vecinos.

> *Es posible que crearan algún tipo de lanzallamas similar al que más tarde utilizaran los reyes de Constantinopla y que pasó a la historia con el nombre de "el fuego bizantino".*

En el año 69 antes de Cristo el general Lúculo emprendió una campaña contra los territorios rebeldes de Asia Menor, pero se vio forzado a pactar con el rey Antíoco, ya que poseía un arma con la que quemaba a buena parte de las tropas que se internaban en su territorio. La capital de Comagene, Samosata, fue incluso conquistada, pero el número de bajas entre los invasores fue tal que los romanos optaron al final por pactar antes de ver su ejército de frontera mermado hasta el punto de ser inservible en la batalla. Es posible que crearan algún tipo de lanzallamas similar al que más tarde utilizaran los reyes de Constantinopla y que pasó a la historia con el nombre de "el fuego bizantino", un cañón desde el que los barcos provocaban incendios en las naves enemigas que intentaban asediarlas en pocos minutos. Un invento de origen turco que se perdió para siempre una vez cayó el imperio romano de oriente, pero del que quedan incluso grabados medievales que muestran su terrorífica eficacia.

También el general Marco Antonio se vio forzado a retirar de esta zona su ejército en el año 38 antes de Cristo y los textos que hacen referencia a la batalla nos cuentan cómo los jinetes de Comagene tenían unas armaduras de metal negro que no podían ser atravesadas por las flechas de los invasores. De nuevo los monarcas de este insólito país fueron muy diplomáticos con los vencidos y después de su retirada les mandaron trescientos talentos de oro para que de esta manera nadie les considerara sus enemigos, sino tan sólo unos simples vecinos sin rencor por lo que había pasado. En el año 71 después de Cristo Comagene se convirtió en provincia de Roma aunque conservando diferentes privilegios, momento en el que su especial idiosincrasia se perdió para siempre. De todas formas, para que la historia les juzgara con la dignidad que se merecían, nos legaron todo un mensaje de poder en un lugar escondido, provocando de esta manera el asombro de todos los que en un futuro visitaran esta tierra.

La pirámide de los tesoros

La cara de aquel ingeniero de caminos debía estar a medias entre el asombro y la incredulidad. Encargado de planificar las carreteras que estaban haciendo más fácil el acceso a la parte septentrional de Anatolia, no podía comprender que un sitio como éste no figurara en ningún libro y que de él no se tuvieran referencias históricas. A 2.134 metros de altitud, sobre el monte Nemrut, una gigantesca pirámide de rocas de grava caliza escondía sin duda un gran secreto. Karl Sester, acompañado de guías locales, fue el primer europeo que vio por primera vez la tumba santuario del rey Antíoco allá por el año 1.881. Parece increíble que la que ha sido considerada octava maravilla del mundo antiguo por gran cantidad de especialistas permaneciera olvidada hasta finales del siglo XIX. Un año más tarde su compatriota Otto Puchstein determinó que aquellos restos debían guardar el cuerpo del rey Antíoco, aunque las pruebas nos indican que la importancia del lugar es mucho mayor de lo que al principio se le atribuyó.

04 El país del Edén

Expedición a los **mundos perdidos**

04 El país del Edén

Cuando uno sube en la actualidad hasta lo alto de esta montaña acompañado por un sol abrasador, se maravilla no sólo por los restos que se hallan ante sus ojos, sino también por unas increíbles vistas, ya que en un día despejado se pueden contemplar las fronteras de Armenia e incluso la de Irak. El lugar no fue escogido ni mucho menos al azar, era como si su constructor quisiera en su legado erigirse en un dios inmortal, y en el hirotesión que construyó, mitad tumba mitad templo, dejara claro que en vida fue capaz de mantener a raya todos los territorios que amenazaban su patria. Miles de hombres tuvieron que trabajar allí durante décadas para subir hasta lo más alto de la montaña los treinta mil metros cúbicos de pequeñas rocas que tapan la tumba, eso sin contar la construcción de las estatuas y altares que la rodean y embellecen. La pirámide tiene cincuenta metros de altura por ciento cincuenta de diámetro. Nada tan grande ni tan siquiera parecido se había construido jamás en toda la región.

Realmente el rey Antíoco y su padre Mitríades se creían dioses, pues de manera indirecta descendían de Alejandro Magno y del persa Darío, soberanos que ya en su tiempo expresaron su linaje divino, aunque ninguno de sus antepasados fue capaz de concebir y crear obra similar. Hoy en día los arqueólogos turcos que lo investigan saben que están sin lugar a dudas ante el mayor misterio al que se puede enfrentar un historiador: el contenido de la gigantesca pirámide del monte Nemrut. Las pruebas geofísicas que allí se han realizado demuestran que bajo los miles de metros cúbicos de guijarros hay tres tumbas. Éstas fueron excavadas en la roca del monte, posiblemente con ajuares funerarios que poco o nada tengan que envidiarles a los de Tutankamón o los del Señor de Sipán, los dos mayores tesoros encontrados en el siglo XX. Casi con toda seguridad dos de los tres personajes que hay allí enterrados son el rey Antíoco y su padre Mitríades, pero hasta que una misión científica no haga un túnel para llegar hasta los cuerpos, nadie podrá asegurarlo al cien por cien.

Mucho se ha especulado también sobre las relaciones astronómicas de la pirámide y de las estatuas que hay a su alrededor. Algunos científicos e investigadores creen que la posición de las mismas refleja el emplazamiento de los planetas o de estrellas en algún momento clave de la vida de Antíoco. Lo que es indudablemente cierto es que en esta montaña podemos ver el esbozo de lo que para muchos es la primera carta astral de la historia. En una roca plana de un metro con setenta y cinco centímetros de alto, por dos metros cuarenta de largo, podemos ver un león adornado por estrellas que representan un momento astral. Los arqueólogos piensan, hoy en día, que los astros reflejados en esta roca, que se encuentra en la terraza occidental de la tumba de Antíoco, marcan el momento de su nacimiento el catorce de julio del año 109 antes de Cristo. Lo que nos demuestran estas representaciones es que para los habitantes de Comagene y para sus monarcas, las estrellas tenían un valor espiritual y religioso prevalente en sus ritos, pues queda claro que sus sa-

> *Lo que es indudablemente cierto es que en esta montaña podemos ver el esbozo de lo que para muchos es la primera carta astral de la historia.*

04 El país del Edén

cerdotes observaban con detalle el firmamento convencidos de que los astros marcarían el destino de todos los hombres de su pueblo, incluidos los más poderosos; un saber antiguo que ha llegado hasta nuestro días con un significado muy diferente, pero que antaño marcó en buena medida la vida de muchos pueblos antiguos.

He de confesar que cuando estuve en este lugar me dieron ganas de quedarme a acampar, comprar unos picos y unas palas y comenzar a destripar el gigante de piedra. Me sentí como un niño que tuviera delante un gran regalo envuelto en papel de vivos colores. El niño sabe que lo que observa es bello, pero lo realmente interesante está debajo. Sin duda alguna el día que se abran las tumbas que hay en el monte Nemrod se hallará el mayor tesoro arqueológico del siglo XXI. El problema es que hay que hacerlo sin alterar la hermosura de lo construido; un reto para la arqueología y para la ciencia. Mientras llega ese momento, Antíoco nos regaló con su tumba la experiencia de poder contemplar la verdadera grandeza de Comagene, el lugar donde los dioses de oriente y occidente se dieron un abrazo que traspasó las fronteras del tiempo.

Un millón de almas bajo tierra

Las conocí a través de los libros de Erich Von Daniken y desde entonces siempre soñé con visitarlas. El escritor suizo sitúa en ellas batallas entre hombres y extraterrestres. No sé si realmente su pasado es tan fantástico, aunque su presente es tan enigmático que se presta realmente para que sobre ellas se viertan infinidad de teorías y conjeturas, pues poco o nada sabemos acerca de los constructores, y de las razones que movieron las manos de aquellos que convirtieron la región turca de Capadocia en un auténtico queso Gruyère hace miles de años. Desde comienzos de la década de los sesenta del siglo pasado hasta ahora, se han descubierto en este zona más de doscientas ciudades subterráneas, aunque tan sólo hay abiertas al público treinta y seis de ellas. Pero se calcula que pueden ser en total más de

04 El país del Edén

quinientas ciudades las que oculte todavía este suelo, aunque simplemente con lo hallado hasta la fecha podemos afirmar que bajo la superficie de Capadocia podían vivir más de un millón de almas; un enorme entramado urbano subterráneo de gran complejidad que jamás apareció mencionado en textos o crónicas antiguas, lo que lo envuelve aún más en una impenetrable aura de misterio.

La vida dentro de ellas no debió ser cómoda. El ser humano está hecho para vivir disfrutando de la luz del sol y no para subsistir sumergido entre tinieblas. Una razón por tanto muy poderosa y aún desconocida fue la que debió impulsar a sus constructores para realizar tan descomunal obra de ingeniería. Su descubrimiento,

Expedición a los **mundos perdidos**

como tantos otros, fue por casualidad. Un campesino del diminuto poblado de Derinkuyu tiró una pared para remodelar sus casa y bajo el suelo de su hogar apareció la entrada a un túnel. Por aquel lugar bajó el aventurero e investigador Omer Demir, el cual se introdujo en un mundo subterráneo que no ha parado de aflorar hasta nuestros días. La ciudad de Derinkuyu, que curiosamente en turco significa "pozo profundo", tenía una población en aquella época de tres mil habitantes; bajo su suelo podían vivir más de diez mil. Toda una paradoja.

Derinkuyu fue la primera ciudad descubierta y es, sin lugar a dudas la más visitada y mejor investigada. Cuando uno se sumerge en ella, penetra realmente en un mundo extraño. No apto para claustrofóbicos, un paseo por la misma es suficiente para darse cuenta de su complejidad. Una de las cosas que primero sorprende es que la vida dentro de sus túneles no debió ser tan dura. Tampoco estaba repleta de comodidades pero quien la diseñó lo hizo pensando en que era posible estar allí dentro temporadas muy largas.

Expedición a los **mundos perdidos**

Derinkuyu tiene ochenta y cinco metros de profundidad repartidos por más de diez niveles. Todavía no está excavada en su totalidad, por lo que sobre ella planean varias incógnitas. Tuve la suerte de visitarla junto a Omer Demir, el primero que penetró en sus entrañas. Una de las cosas que hizo el investigador fue encender un cigarrillo cerca de uno de los canales de ventilación, para que viéramos cómo las corrientes de aire puro oxigenan continuamente el lugar. Hay en total 52 de estos canales dentro de la ciudad subterránea. Y realmente funcionan de una manera muy simple a la vez que efectiva, renovando continuamente el aire del interior, de manera que allí abajo se pudiera hacer fuego sin problema alguno. Otro de los puntos clave para entender la construcción de este lugar es que está situado sobre un río de agua subterránea que puede abastecer a los habitantes de la misma, haciendo que sus estancias dentro puedan ser muy largas. Los pasillos entre galerías y niveles son estrechos, no cabiendo por ellos más de una persona, y su altura no pasa de un metro setenta centímetros, detalles que se repiten en el resto de sitios arqueológicos hallados hasta el momento. Dentro de Derinkuyu hay también grandes salas que bien pudieron ser iglesias, si es que las ciudades fueron utilizadas para resguardarse de la expansión árabe hace más de mil años, o simplemente áreas de reunión donde podrían realizar asambleas sus habitantes. También podemos ver cocinas, almacenes para el grano y diferentes estancias que pudieron servir para albergar a familias enteras.

Pero el misterio de Derinkuyu y del resto de ciudades subterráneas es que queda claro en su construcción su afán defensivo. Así, entre algunos de sus pisos hay puertas de piedra circulares de algo más de quinientos kilogramos diseñadas para cerrarse desde dentro. Sus habitantes podían ir cerrando niveles para escapar, Dios sabe de qué enemigo, pues jamás la historia nos lo contó. Otra de las cosas sorprendentes es que se podía huir de Derinkuyu hasta la vecina Kaymakly a través de un túnel que se supone que está en la tercera planta, ya que nunca se ha excavado; aunque las chimeneas de ventilación del mismo se pueden ver sobre tierra uniendo las dos ciudades, que están separadas por nueve

Expedición a los **mundos perdidos**

04 El país del Edén

kilómetros de distancia. Las puertas de piedra que cierran los niveles también son otro misterio, pues no están hechas de la misma roca que la que aparece en los subterráneos, sino de otra mucho más dura. Así que tuvieron que ser construidas en el exterior para luego ponerlas en el sitio que ahora ocupan, tarea nada fácil si pensamos que las ciudades tienen miles de años de existencia.

Otro de los grandes enigmas que tienen que enfrentar arqueólogos e historiadores es la datación de las mismas. Hasta hace algunos años su edad se estimaba entorno a los siglos VI y VII, pues se pensaba que las habían diseñado los cristianos para esconderse de los invasores árabes, pero el hallazgo de objetos del periodo hitita en algunas excavaciones hizo que su antigüedad pueda irse varios miles de años atrás, en torno al dos mil antes de Cristo. En la actualidad ya es aceptado por casi todos que su construcción hay que remitirla a un periodo aún más remoto, el de los pueblos prehititas. Sí parece claro que las ciudades subterráneas pudieron ser utilizadas en diferentes periodos históricos, hechas hace miles de años para luego ser reutilizadas siglos más tarde por los cristianos, pero si fue así no quedó texto alguno sobre este hecho. No menos misterioso es a dónde fueron a parar los miles de metros cúbicos de roca que debieron extraerse. Si se hubieran depositado en los campos aledaños éstos jamás hubieran servido para la agricultura, pues las rocas provenientes de erupciones volcánicas como las del subsuelo de Capadocia no permiten que la vida crezca sobre ellas. Para dar aún más enigma al tema, en muchas ciudades se aprecia cómo en los pisos superiores no hay rastro de cinceles, mientras que en los inferiores sí, como si realmente dos culturas distintas en fecha diferente hubieran trabajado sobre ellas.

Expedición a los **mundos perdidos**

Para construir las ciudades, posiblemente, se debieron hacer primero los canales de ventilación, además de tener la certeza de que se asentaban sobre ríos subterráneos. Esto es lo que parece más sensato, pues si no los obreros no podrían respirar con normalidad. A partir de éstos se construyó el resto de la ciudad y por supuesto los pozos y los túneles que comunican con otras ciudades, aunque esto supone un problema tecnológico de dimensiones enormes, pues horadar nueve kilómetros de pasillos bajo tierra sin posible orientación para toparse con otra urbe es casi como encontrar una aguja en una pajar. No menos extraños son los agujeros de unos veinte centímetros de diámetro y cuatro metros de largo que unen dos niveles. Por su acústica parece claro que se hicieron para mantener comunicados entre sí diferentes estancias; un sitio por el que se podía avisar a los habitantes de las capas inferiores de la entrada de enemigos. Aunque algunas veces en vez de un solo agujero aparecen dos, sin que sepamos qué función podían tener tales orificios.

Vista la complejidad de las ciudades subterráneas y los escasos datos históricos que hay sobre ellas, todo tipo de conjeturas se

04 El país del Edén

Expedición a los **mundos perdidos**

131

04 El país del Edén

han vertido sobre su origen y su función. Una de las más curiosas es la que ha dado el investigador Andrew Collins, que afirma que su construcción puede estar relacionada con la época glacial que sufrió la Península de Anatolia hace once mil años. Su postulación es sensata pues en su interior la temperatura es constante, es-

Expedición a los **mundos perdidos**

tando todo el año entre los siete u ocho grados, sea cual sea la que haya en el exterior. Pero su teoría no explica las puertas de piedra defensivas y los túneles de escape entre ciudades, y para realizar ambos prodigios se recabó sin duda mucho esfuerzo por parte de sus habitantes.

Dos veces he podido visitar tanto Derinkuyu como su vecina Kaymakly, y son tan complejas que las obras para poder sacarlas en su totalidad a la luz pueden tardar décadas. Eso sin pensar en que ya en Capadocia hay localizadas más de doscientas de las que sabemos muy poco. Cuando he caminado por sus angostos túneles sintiendo el polvo, la humedad y el tacto de la fría roca, no he podido más que maravillarme, aunque he de reconocer que más que el enigma de sus constructores o la época en que se hicieron, hay otra cuestión que es la que realmente me intriga cuando he viajado hasta la zona: ¿qué enemigo es tan poderoso como para provocar tanto esfuerzo? Un enemigo, además, del que no quedó rastro en la historia. Es por ello que cuando camino por sus pasadizos me planteo otra cuestión que de igual manera no tiene respuesta: ¿regresará algún día el poder maligno que provocó una de las obras de ingeniería más complejas y misteriosas del planeta? Espero, sencillamente, que no; que su oscuro recuerdo jamás resurja en la historia, aunque si vuelve, al menos, sabremos cómo debemos escondernos.

133

04 El país del Edén

Caminando por el Edén

Lo cuenta la Biblia pero las leyendas dan todavía muchos más detalles. Narran las antiguas tradiciones de la ciudad de Sanliurfa que éste fue el sitio en el que vivió el profeta Abraham justo en el momento en que el hombre comenzó a conquistar la Tierra. Según la tradición oral de la zona, Abraham, que significa literalmente "padre de muchos pueblos", se enfrentó al rey Nimrod y a sus falsos ídolos. Para terminar con la blasfemia subió hasta la montaña que corona la ciudad y destruyó las imágenes de los dioses falsos que eran allí venerados. El monarca, lleno de cólera, lo mandó tirar desde la misma montaña en la que se había producido la afrenta, pero Dios puso un lecho de rosas y el hombre santo no murió por la caída. Pero Nimrod no tenía miedo de enfrentarse a la voluntad de un nuevo Dios al cual desconocía. Por ello mandó que quemaran al profeta delante de su pueblo. Sin embargo, cuando las llamas empezaban a quemar la carne del hombre santo, se obró otro milagro que demostró al mundo la bondad de un nuevo Salvador. Ante la mirada atónita de los que le contemplaban, el fuego se convirtió en agua y la madera de la que emergían las llamas en peces. Desde aquel instante el lago de Abraham se convirtió en un lugar santo para todos los que viven o han vivido en aquella remota ciudad, apenas visitada hoy por un tímido turismo.

Rodeando el lago que hoy podemos visitar en Sanliurfa, se encuentran los jardines de Balikli Gol y, a un lado de los mismos, la cueva en la que vivió el profeta, dentro de la cual hay una pequeña fuente sagrada continuamente transitada por peregrinos que acuden allí para tomar sus aguas.

Como siempre, la leyenda se convirtió en mito, y sobre lo realmente acontecido poco quedó, salvo un vago recuerdo disfrazado de fábula. Y así fue hasta que hace no muchos años unos operarios descubrieron en una remodelación de los jardines de la ciudad un gigante de piedra cuya visión les provocó tal terror que abandonaron sus herramientas y salieron corriendo aún a riesgo de perder incluso su propio trabajo. Cuentan que lo que contemplaron fue la figura de un gigante de mirada oscura que les penetró. Más tarde, los arqueólogos se acercaron hasta el lugar y rescataron el que es conocido hoy cómo "el gigante de Balikli Gol", la estatua más antigua de la humanidad con 12.000 años de antigüedad. De esta manera la figura que hoy contemplan y fotografían con curiosidad miles de turistas todos los años puede ser uno de los falsos ídolos que Abraham tiró desde la montaña cercana, enfrentándose así al rey Nimrod. La datación de la misma nos transporta realmente hasta ese tiempo en el que los viejos profetas comenzaron a pregonar su mensaje por la Tierra, antes de que exista cualquier recuerdo escrito del hombre, la época de la que habla la Biblia y las leyendas.

..."el gigante de Balikli Gol", la estatua más antigua de la humanidad con 12.000 años de antigüedad.

04 El país del Edén

En Sanliurfa se dio por tanto una de las primeras guerras religiosas de las que tenemos constancia en la historia. Abraham se enfrentó a los demonios que veneraba el malvado rey Nimrod. Los milagros demostraron que su fe era la cierta, aunque miles de años más tarde esos demonios vuelven a aflorar ahora convertidos en piedra. Postrado en un museo, el Gigante de Balikli Gol, con casi dos metros de altura, hoy nos parece inofensivo, aunque no por ello su fuerza ha mermado. Sus oscuros ojos de obsidiana aterraron a quienes lo encontraron y, si se desliza la luz por su rostro, una tenue sonrisa sardónica decora de manera inquietante su boca. Quizás porque al salir de su letargo realmente se ríe, condenado en otro tiempo Dios sabe por qué pecados, ha logrado resurgir de sus cenizas para ser nuevamente venerado, en esta ocasión como estatua que desafía lo que hasta ahora se había escrito de la historia.

Si Abraham vivió en Sanliurfa, no muy lejos de allí debía estar el Edén en el que habitaron sus antepasados. Pero había que encontrarlo. No es algo nuevo el hecho de que los arqueólogos se equivoquen como nos equivocamos todos los seres humanos. Gobekli Tepe, cuya traducción literal significa "Monte ombligo", era una colina artificial, eso estaba más que claro desde el punto de vista geológico. Por eso acudió hasta allí en 1.963 el investigador Peter Benedict que junto con su equipo determinó que, si bien habían existido en la zona asentamientos neolíticos, el promontorio se debía al enterramiento de un cementerio probablemente bizantino o islámico. Su error casi deja para siempre en el olvido un lugar cuyas excavaciones han cambiado el concepto que hoy tenemos de la historia. Fue la casualidad y el tesón de un agricultor lo que sacó a los templos de Gobekli Tepe de su tumba. Tuve la suerte de formar parte del primer equipo de televisión español que llegó hasta aquella zona remota del Kurdistán turco.

Pude compartir un té y un par de cigarros con el hombre que descubrió los templos más antiguos del mundo. Encima de los mismos tenía plantados almendros, pero al labrarlos año tras año el arado siempre se le atascaba en el mismo lugar. Así que junto con sus hijos decidió excavar para quitar la piedra que le impedía su labor. Lo que vio fue una placa de piedra con una animal dibujado sobre ella, posiblemente un lagarto. Sin más dilación cogió un martillo de grandes dimensiones y rompió aquella losa. Como tenía un grabado muy extraño y a todas luces antiguo, decidió cargar la roca en un carro tirado por burros y llevarlo hasta Sanliurfa, a ver si el gobierno turco le daba algo por su descubrimiento.

Aquel agricultor caminó dieciocho kilómetros con su reliquia. Cuando yo estuve con él, hace ya cuatro años, todavía no le habían pagado. Nadie le hizo caso y aquella antigualla se ocultó en el museo de Sanliurfa acumulando polvo y olvido. Hasta que en octubre de 1.994 fue encontrada por el arqueólogo alemán Klaus Schmidt. Este investigador ya había participado en la excavación de Nevali Cori, un poblado neolítico de la zona con una antigüedad de diez mil años. Sepultado por las aguas del Eufrates que llenan la recientemente creada presa de Ataturk, su estudio debió suspenderse por orden del gobierno turco. El erudito alemán estaba convencido de que tenía que haber más poblados similares al que él había ya investigado: antiguos asentamientos que nos transportan hasta una época muy lejana hasta el momento apenas conocida. Jamás pudo sospechar la importancia de su hallazgo.

Fue la casualidad y el tesón de un agricultor lo que sacó a los templos de Gobekli Tepe de su tumba.

04 El país del Edén

El santuario de los danzantes sin cabeza

> Gobekli Tepe nos lleva hasta la época oscura en que el hombre salía de la era del hielo. Hasta hace ni más ni menos que doce mil años.

No esperen ver hoy en día ningún vergel. Gobekli Tepe es un erial en cuyo estómago se oculta uno de los mayores enigmas a los que se ha tenido que enfrentar la arqueología. Hasta su descubrimiento se pensaba que las civilizaciones humanas eran un invento relativamente moderno, las primeras ciudades serian Ur o Jericó con unos cinco mil quinientos años de antigüedad. Gobekli Tepe nos lleva hasta la época oscura en que el hombre salía de la era del hielo, hasta hace ni más ni menos que doce mil años, siendo abandonado hace unos diez mil. Lo primero que sorprende cuando se camina por sus colinas es la gran cantidad de objetos de sílex que hay manufacturados por el hombre del neolítico. Son tantos que los arqueólogos deberían barrer literalmente todas las colinas circundantes para obtener una parte de ellos. Esta prueba inequívoca de que allí vivió el ser humano durante milenios, un hombre que no conocía el metal, ni la rueda, pero que utilizó la piedra con una precisión asombrosa.

Expedición a los **mundos perdidos**

Gobekli Tepe se encuentra en unas condiciones lamentables si pensamos que nos encontramos ante los primeros templos que construyó la humanidad. El único guarda del lugar duerme todos los días al raso abrazado a su escopeta y él sólo ya se ha tenido que enfrentar a varios intentos de saqueo. A día de hoy apenas se han excavado dos de los dieciséis santuarios que ha revelado el georradar. Todos ellos son circulares. Su parte exterior está delimitada por una muralla hecha de roca labrada. En su interior hay doce bloques de piedra con forma de T adornados con infinidad de motivos animales. Y en la parte central otras dos T alineadas de este a oeste. Nadie duda sobre el valor religioso del sitio. Todo en Gobekli Tepe es chamánico y fue la religión lo que empujó a sus constructores a realizar un esfuerzo titánico.

04 El país del Edén

Los animales que decoran sus pilares son muy diversos. Hay representados grandes felinos de amenazadoras fauces, arañas, escorpiones, patos, jabalíes, toros, buitres, chacales... Y sobre todo serpientes. Algunas de ellas emergen de la tierra pero casi todas apuntan al suelo y a la entrada al inframundo.

Y es que pocas dudas hay sobre que Gobekli Tepe es un lugar relacionado con la muerte. Casi todos los animales que hay dibujados en el santuario pueden provocar el óbito, como son las serpientes, las arañas, los toros o los grandes felinos. Pero es que otros aluden directamente al desenlace final de la vida, como son el chacal, que siempre será el primero en acudir a una tumba para devorar los restos del difunto, o los buitres. La parte superior de las T de piedra presenta diminutas oquedades hechas por la mano del hombre donde podrían depositarse cadáveres para ser consumidos por aves carroñeras, lo cual no es descabellado, pues es una práctica

habitual en algunas religiones antiguas como el mazdeísmo, cuyas "torres del silencio" en la India son muy conocidas porque en ellas se hacen en la actualidad ceremonias muy similares a las que se pudieron realizar hace miles de años en Turquía. También hacen lo mismo los monjes budistas

Expedición a los **mundos perdidos**

tibetanos con sus difuntos. El hecho de que los dos tótems centrales estén alineados de este a oeste simbolizaría la salida del sol que significa el renacer, y la puesta del sol, la entrada al inframundo. Todos estos datos apoyan las hipótesis de que el monumento tenía un fin marcadamente fúnebre. Sin embargo, en Gobekli Tepe no ha aparecido tumba alguna, lo que le otorga al sitio todavía más misterio.

Los pilares totémicos de sus santuarios pueden llegar a tener hasta cinco metros de altura y pesar quince toneladas.

Gobekli Tepe es muy antiguo, sí, pero no primitivo. Parece imposible el nivel de detalle de sus grabados. Los pilares totémicos de sus santuarios pueden llegar a tener hasta cinco metros de altura y pesar quince toneladas, aunque en la cantera cercana se ha encontrado un bloque lítico que llega hasta las cincuenta. Estos templos fueron creados sin duda por una civilización avanzada y por miles de personas que trabajaron en ellos de forma organizada. Nadie duda de esto, aunque hasta hace poco los historiadores pensaran que algo así era imposible. Pero si hizo falta mucha gente para construirlos, ¿dónde vivían? No se han encontrado restos de urbe alguna cerca del lugar. Ello ha provocado que los investigadores piensen que "El Monte Ombligo" fue el primer lugar de peregrinación al que acudieron los seres humanos para rezar a sus hoy desconocidos dioses. Los fieles vendrían desde poblados muy lejanos de los que no ha quedado rastro.

Muchos son los enigmas que rodean este enclave, y más de cincuenta años lo que calcula la arqueología que se tardará en excavarlo, aunque uno de los detalles que más llama la atención a los arqueólogos es sin duda su final. Los santuarios no se abandonaron, ni se destruyeron. Se enterraron y sellaron misteriosamente como si los hombres que los construyeron quisieran dejar atrás un oscuro pasado. Sepultarlos tuvo que ser también una labor muy costosa, pues para ello fueron necesarios miles de metros cúbicos de pesada tierra que hubieron de ser trasladados hasta aquí. Pero, ¿por qué tanto esfuerzo en borrar la historia? Si era tan terrible aquel pasado que se intentó ocultar para siempre, ¿no era más fácil destruirlo? El temor al poder de los dioses que allí habitaban fue sin duda lo que salvó el santuario. Un miedo provocado por algo que hoy todavía no comprendemos.

Como he comentado antes, Gobekli Tepe estaba consagrado sin lugar a dudas a la muerte. Uno de los detalles que más me intriga es que sobre las T de piedra aparecen los brazos de figuras antropomorfas estilizadas pero sin cabeza. Según palabras del arqueólogo Klaus Schmidt, podrían ser "danzantes" que bailaban al compás de ritmos y de ritos olvidados. Pero, ¿qué macabra coreografía se gestó allí para que sus protagonistas fueran un grupo de decapitados? El historiador de la Universidad de Harvard, Ofer Ben Yosef, piensa que este lugar marcó el comienzo de la esclavitud dentro de la historia de la humanidad. Tal fue la cantidad de gente necesaria para construir los santuarios que él piensa que su gestación se debió al poder de una casta sacerdotal que subyugó a grupos enteros de población a su antojo.

También pudo ser Gobekli Tepe un templo donde se realizaran sacrificios humanos, muy comunes en diversas religiones, sobre todo las antiguas. Hasta allí se llevaría a esclavos para ser decapitados, siendo su sangre la bebida que consumían oscuros dioses. Quizás un día los siervos se revelaron contra sus señores y decidieron enterrar aquel lugar para siempre, sepultando de esta manera la maldad que les aterrorizó durante milenios. Todo esto no es más que una conjetura, una hipótesis. No la he leído en ningún libro de historia, es simple deducción después de haber investigado otras culturas ancestrales en medio mundo.

Si Abraham mandó sepultar los dioses paganos del monte de Sanliurfa y algunos de ellos aparecieron diez mil años más tarde, ¿por qué no puede ser Gobekli Tepe el mismo ejemplo? En sus tótems de piedra reinan las mismas serpientes que expulsaron al hombre del paraíso. Pero, es más, en una placa de esteatita de apenas cinco centímetros que apareció durante las excavaciones se ve

04 El país del Edén

representado un árbol y una serpiente, tal y como son mencionados en el Edén bíblico, el mismo reptil que provocó la perdición de Eva y el mismo sitio.

Pero no sólo eso, sino que las praderas que rodean en la actualidad Gobekli Tepe no eran, hace 12.000 años, cuando la construcción de los templos, el mismo erial que vemos en la actualidad. Era un sitio tremendamente fértil donde abundaba la escanda, un tipo de trigo silvestre muy nutritivo. Había gran abundancia de agua, como describe la Biblia. Incluso hoy podemos ver descender hasta 14 ríos desde las cimas de los montes Tauro cercanos. Según los paleo-biólogos, en sus lagunas había patos salvajes por bandadas enormes, y rebaños de hasta cien mil gacelas galopaban por sus estepas. El hombre, para vivir bien, no tenía más que cazar y cercar la escanda para alejarla de los herbívoros. No necesitaba apenas trabajar ni cultivar para subsistir. Estaba realmente en un sitio bendecido y podía sentirse libre. Disfrutaba de un auténtico paraíso; hasta que con el paso de los milenios el clima cambió. Los habitantes de la zona debieron sentirse maldecidos en aquel momento por los dioses. Ese

Expedición a los **mundos perdidos**

fue el momento de abandonar el Edén y Gobekli Tepe fue parte del escenario de la tragedia. Pocas dudas hay hoy sobre esto.

Es posible que jamás sepamos qué pasó realmente en torno a unos santuarios que ofrecen más preguntas que respuestas, aunque su relación con el Antiguo Testamento y con el comienzo de la civilización es algo incuestionable. Gobekli Tepe nos ha venido a demostrar la extraña realidad que ocultan todas las leyendas. Ha cambiado el concepto que teníamos de la historia y ha mandado el nacimiento de la civilización humana hasta un tiempo remoto del que nada sabíamos. Al desenterrar sus misteriosas columnas, nos hemos enfrentado a un sinfín de enigmas y a un pasado que puede ser tan brillante como oscuro. Las manos de los arqueólogos nos muestran como nunca un pasado repleto de luces y sombras, algo muy propio del espíritu humano.

05
Los hombres que la selva se tragó

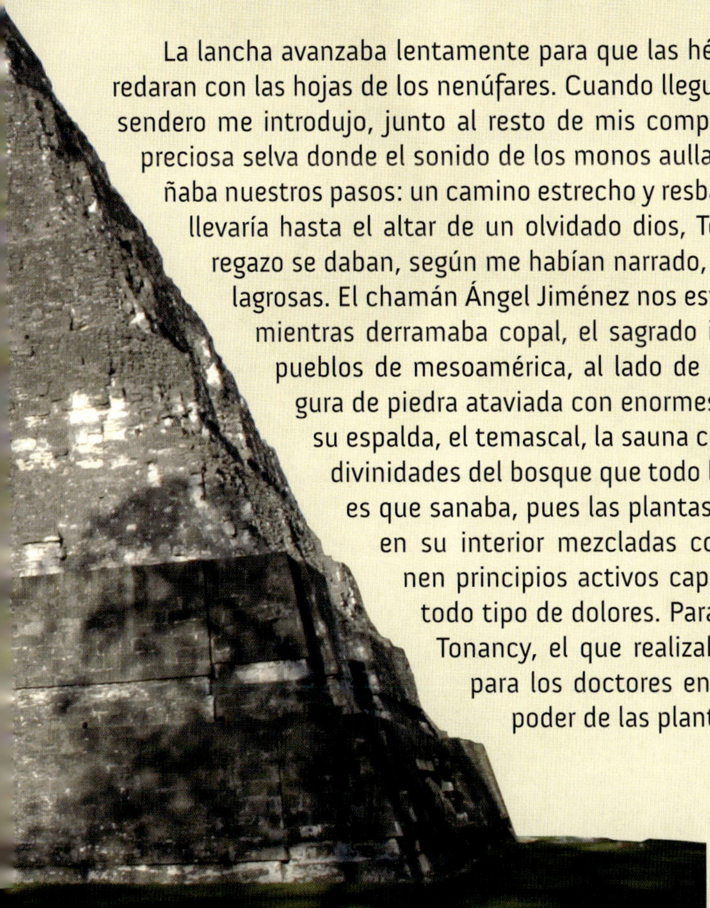

La lancha avanzaba lentamente para que las hélices no se enredaran con las hojas de los nenúfares. Cuando llegué a la orilla, un sendero me introdujo, junto al resto de mis compañeros, en una preciosa selva donde el sonido de los monos aulladores acompañaba nuestros pasos: un camino estrecho y resbaladizo que nos llevaría hasta el altar de un olvidado dios, Tonancy, a cuyo regazo se daban, según me habían narrado, curaciones milagrosas. El chamán Ángel Jiménez nos estaba esperando mientras derramaba copal, el sagrado incienso de los pueblos de mesoamérica, al lado de una extraña figura de piedra ataviada con enormes flores. Justo a su espalda, el temascal, la sauna consagrada a las divinidades del bosque que todo lo cura. Y cierto es que sanaba, pues las plantas que se cuecen en su interior mezcladas con vapores tienen principios activos capaces de calmar todo tipo de dolores. Para él era su dios, Tonancy, el que realizaba la sanación; para los doctores en farmacia es el poder de las plantas. En el fondo

05 Los hombres que la selva se tragó

no importa quién aplaque los males, el caso es que estos desaparecen en este perdido rincón de la selva.

El bosque lluvioso de Nanciyaga, entre los estados mexicanos de Veracruz y Tabasco, guarda todavía los viejos secretos de una de las culturas más antiguas de América, la olmeca, que más tarde dio lugar al nacimiento de uno de los pueblos más fascinantes de cuantos hayan existido: los mayas. No se pueden entender los unos sin los otros, ya que todos bebieron de conocimientos similares y habitaron una zona geográfica que en muchas ocasiones se mezcla. Dos civilizaciones que surgieron misteriosamente de la nada y que tal como nacieron desaparecieron dejando tan sólo ruinas y rituales que son hoy en día asombro para arqueólogos y viajeros; dos pueblos que parió una enigmática selva para tragárselos después sin que hasta ahora nadie haya podido explicar su auge y su desaparición.

La búsqueda del oro verde

Fue hace 3.500 años, en las cavernas de los estados mexicanos de Veracruz y Tabasco, donde comenzó el desarrollo de esta misteriosa civilización, en una zona de selva pantanosa de 18.000 kilómetros cuadrados, donde la pluviosidad anual puede incluso llegar a superar los 3.000 litros por metro cuadrado. Esta inhóspita región, donde un simple insecto puede ser más peligroso que un jaguar, ofrecía, sin embargo, una gran ventaja a sus moradores. Después de la temporada de lluvias, donde las tierras se inundan casi por completo, queda una fina capa de limo que otorga a es-

tos lugares una extraordinaria fertilidad. Los olmecas aprovechaban este regalo de la naturaleza para plantar dos cosechas al año sin tener que preocuparse por una posible extenuación del suelo, que se regeneraba en la siguiente estación lluviosa.

Fueron las características del terreno y su peculiar forma de enfocar la agricultura lo que trajo consigo la producción de un gran número de excedentes y les permitió dedicar gran parte de su tiempo al desarrollo de la ciencia y la astronomía. Sin embargo, la escasez de caza existente en la zona provocó que su dieta fuera muy pobre en proteínas. Esto les empujó, en una búsqueda desesperada por completar su alimentación, a practicar la antropofagia, y no

05 Los hombres que la selva se tragó

dudaban en comerse a cualquier intruso que penetrase en su territorio. Así lo demuestran los restos de cautivos degollados, encontrados en los muladares de las cocinas de varias casas de las ruinas de San Lorenzo.

En el año 1.200 antes de Cristo crearon la primera ciudad que se alzó en estas latitudes, La Venta, y a partir de este momento comenzaron una rápida expansión por toda Centroamérica. Llegaron a crear una inmensa red de caminos de algo más de 2.500 kilómetros, y su imperio comprendió desde Yojoa y Playa de los Muertos, como territorios más al sur, hasta Panuco y La Tigra al norte, abarcando prácticamente toda lo que es América central, desde la actual Costa Rica hasta el norte de México. Pero su vasto reino no fue el resultado de un afán militar de conquista o de la búsqueda de nuevas tierras fértiles, sino que su vertiginosa expansión se produjo debido a motivos mágico-religiosos. Fue sin lugar a duda el incansable ánimo de los olmecas por encontrar jade, lo que provocó que escudriñaran todos los rincones de las selvas mesoamericanas. La creencia en los poderes sobrenaturales del "oro verde" era uno de los pilares de su religión, ya que según sus sacerdotes estas piedras tenían la capacidad de abrir las puertas del más allá a los espíritus de los muertos. Utilizaban para ello la jadeíta, la nefrita, la glauconita y la serpentina. Las más apreciadas eran las de color verde manzana, pero también tallaban otras en tonos más blanquecinos e incluso azul oscuro.

Continúa siendo un misterio por qué les atribuían esta capacidad sobrenatural a ciertos minerales. Pero lo más curioso es que esta creencia no sólo se encuentra en América, sino que en gran parte de Asia es también un rito muy extendido e incluso algunas momias de emperadores chinos fueron envueltas en trajes de jade. De tal forma inculcaron los olmecas la creencia en los poderes de las piedras verdes al resto de los pueblos vecinos, que el penúltimo emperador azteca, Moctezuma II, advirtió a Hernán Cortés que *"Nada vale todo el oro que se lleva comparado con un puñado de jades".*

Sus preferencias estéticas también sobrevivieron, siendo los primeros en realizar deformaciones craneanas que constituían un símbolo de distinción para la clase dirigente. Asimismo, se hacían mutilaciones dentales, perforaciones en el tabique nasal y en los lóbulos de las orejas. Cuesta comprender por qué el aspecto de esta gente exigía tales sacrificios y para responder a esta interrogante es necesario echar mano de su religión. Para los olmecas la base de su culto era el sacrificio, de forma que sus sacerdotes y nobles tenían que ser los primeros en demostrar al resto del pueblo que ellos eran también partícipes del dolor. En la sociedad de hace tres mil años no había lugar para los débiles, sólo los fuertes eran destinatarios de la bondad de los dioses.

05 Los hombres que la selva se tragó

Cabezas gigantes y extraños seres

Si la cultura olmeca se ha hecho conocida en nuestros días es sobre todo por su fascinante escultura, destacando sus gigantescas cabezas de rudo rostro encontradas en las selvas de mesoamérica. Para verlas es necesario ir hasta el museo arqueológico de Veracruz, donde su gesto sigue siendo tan enigmático como lo fue hace miles de años. Para gran cantidad de historiadores este pueblo consiguió, a pesar de ser bastante primitivo, la mejor escultura de la América antigua, tanto en sus trabajos en grandes bloques de piedra, como en pequeñas tallas de jade y piedras finas; y todo ello utilizando como únicas herramientas punzones hechos de cuarzo verdoso y martillos de calcedonia.

La primera cabeza gigante fue descubierta por José Melgar en 1.862 en Tuxtla, Veracruz.

La primera cabeza gigante fue descubierta por José Melgar en 1.862 en Tuxtla, Veracruz. Este intrépido arqueólogo se vio sorprendido no sólo por las dimensiones de la figura, sino también por los rasgos africanos que presentaba su rostro. Fueron las facciones de esta inmensa imagen lo que le llevó a afirmar que *"en América hubo negros antes de que Colón llegara a aquellas latitudes"*. Han aparecido hasta ahora 16 cabezas colosales: 4 en La Venta, 2 en Tres Zapotes, 9 en San Lorenzo y 1 en El Vigía. Hay de varios tamaños, su altura oscila entre 1'60 y 3'40 metros, y su peso entre 6 y 65 toneladas. La más grande de ellas es la de Cobata que tiene un volumen de 25 metros cúbicos.

Los grandes bloques de basalto se traían de la región de las Tuxtlas a casi 100 kilómetros de distancia, y la figura no era tallada hasta que la piedra se depositaba en el altar. Hoy en día parece sobrehumano el terrible esfuerzo que supuso desplazar estas grandes moles a través de la selva, tarea para la que se calcula que eran necesarios no menos de 2.000 hombres. Un esfuerzo tan importante debió tener una no menos importante justificación, por lo que el sentido que se le ha dado a estas cabezas es de lo más diverso, desde representaciones de seres sobrenaturales a retratos de negros que llegaron a aquellas costas. Pero sin duda la que parece más coherente es que eran esculturas de jugadores de pelota. Esto se

Expedición a los **mundos perdidos**

deduce por el casco que portan, y por la relevancia que tuvo desde el punto de vista social este deporte del que más tarde les hablaré. Lo que sí está claro es que su significado era mágico y astronómico, ya que incluso después de desaparecer sus constructores otros pueblos como mayas y aztecas las seguían adorando. Las figuras tienen un estilo común, lo que nos indica que se construyeron en un breve periodo de tiempo, dato que se corrobora por las pruebas realizadas en carbono 14 que arrojaron una antigüedad de 2.800 a 2.900 años.

Otras esculturas relevantes son los "baby face", estatuillas de terracota generalmente huecas, que representaban a niños con la cabeza trapezoidal, y que eran casi con toda seguridad representaciones de recién nacidos sacrificados al dios de la lluvia. Aunque todavía hay quien afirma que son retratos de seres extraterrestres debido a su peculiar fisionomía. De entre estos pequeños retratos mucho menos conocidos, son bastante curiosos algunos en las que se representa a personas con todo tipo de deformaciones, desde mutilados, jorobados, ciegos, etc., así como seres obesos. Para algunos arqueólogos como Covarrubias, estos gruesos personajes son el reflejo de una enfermedad glandular: la dystrophia adiposogenitalis o síndrome de Frolich, que provoca obesidad y atrofia testicular, a semejanza de la tipología plasmada en estas figuras.

Pero por encima del extravagante gusto de los escultores olmecas, lo más fascinante es cómo podían tallar aquellas pequeñas piedras de tal forma que parecen pulidas. Más aún si tenemos en cuenta que no conocían ni tan siquiera el metal. Por desgracia, al igual que los artesanos egipcios y de otras civilizaciones del pasado, su secreto desapareció con ellos, lo que no hace más que aumentar su misterio.

Teocracia, el gobierno de Dios

Una vez dijo un sabio que el conocimiento era poder y no se equivocó en lo más mínimo. En sociedades primitivas como la olmeca, la sabiduría de los sacerdotes se convirtió en su mejor aliada para dominar a un pueblo ignorante que les seguía como si estuvieran tocados por un halo divino. La estructura de la sociedad cambió alrededor del 1.200 antes de Cristo con el nacimiento de los primeros grandes centros ceremoniales de América, en los que la magia se transformó en religión y los chamanes en sacerdotes. La religión dominaba toda la vida de la ciudad; un grupo de sacerdotes se encargaba de la organización y administración del trabajo: unos se ocupaban del culto religioso, otros del calendario y, por encima de todos ellos, un jefe político-religioso que tenía la categoría de divinidad.

Las diferencias entre clases se fueron haciendo cada vez más significativas, lo que llegó a convertir a la comunidad olmeca en una sociedad feudal. Este sistema de castas creó grandes diferencias entre individuos, desigualdad que puede verse fácilmente en los enterramientos. Mientras que las tumbas del pueblo llano se encuentran en pozos debajo de las casas con algunos restos de cerámica o ninguno, las clases dominantes eran enterradas en sarcófagos de piedra o en grandes cámaras mortuorias decoradas con pinturas rojas, que simbolizaban la sangre y la vida eterna.

03 Los hombres que la selva se tragó

Hoy en día es prácticamente imposible reconstruir la religión olmeca, aunque sabemos que eran pieza base de sus ritos unas figuras mezcla de hombre con jaguar. Sobre su significado hay varias hipótesis. Para unos simbolizan el linaje real; otros ven en ellas la representación de un ser sobrenatural, aunque gran parte de los expertos las justifican argumentando que existía entre el pueblo la creencia de que sus sacerdotes podían transformarse en felinos. Esta última hipótesis, aunque parece en principio la más disparatada, es la que toma más fuerza debido a la ingestión de potentes drogas en los ritos mágicos. La planta suministrada en las ceremonias era la datura, de gran poder alucinógeno. Podemos encontrarnos las hojas de esta planta adornando el tocado de muchos de los dioses, e incluso la figura de muchos de estos seres sobrenaturales se talla en recipientes en forma de cuchara, al igual que las vasijas que contenían el polvo alucinógeno. De esta manera también se explica que tallaran seres deformes como los descritos en el epígrafe anterior ensalzándolos como enviados de los dioses. La datura provoca en quien la ingiere la sensación de que la realidad se transforma, los rostros de los presentes en la ceremonia se desvanecen, sus extremidades se hacen largas o cortas, anchas o delgadas. De ahí que cuando naciese un niño con taras lo adorasen, pues los chamanes estaban convencidos de que ya habían estado con ellos en el más allá en pleno apogeo de sus trances alucinógenos.

Uno de los elementos que más sorprende de sus ritos es su culto a la sangre y el dolor, precepto religioso que siguieron reproduciendo la práctica totalidad de culturas centroamericanas hasta la conquista española. Así, encontramos la primera representación de una de estas ceremonias en un relieve de Chalcatzingo. En este dibujo aparecen varios sacerdotes vestidos con máscaras de aves fantásticas dirigiéndose hacia un muchacho joven al que amputan el pene. Casi con toda seguridad después de su mutilación lo pasearon por los campos de maíz recién sembrados hasta que este murió desangrado. Así transferían su fuerza vital a la tierra para que esta, agradecida, les diera una buena cosecha. Una magia ruda, pero que para ellos funcionaba. Además, un número de sacrificios abundante era una poderosa arma en manos de los sacerdotes, pues todo aquel que se opusiera a su voluntad sería inmediatamente ajusticiado.

El misterioso origen de los olmecas

Sobre el nacimiento de la cultura olmeca hay dos teorías radicalmente enfrentadas: por un lado algunos arqueólogos afirman que procede de América del sur, concretamente de Valdivia (Ecuador), cuna de una enigmática civilización que surgió hace 6000 años. De otro lado, un buen número de estudiosos se inclina por defender que la cultura olmeca se desarrolló de forma íntegra en suelo mexicano, sin ninguna influencia exterior.

Pero, ¿a qué viene tanta discusión sobre el origen de esta cultura? Por una razón muy sencilla: porque todavía no podemos expli-

car la evolución del arte olmeca, precisamente porque su arte no evoluciona, sino que desde el comienzo son consumados maestros en las tallas de jade y basalto o en la fabricación de cerámica.

Si hacemos un estudio comparativo con otras culturas, por ejemplo de nuestra área mediterránea, imagínense por un momento la sorpresa que se hubieran llevado los historiadores europeos si se dieran cuenta que en el arte romano o griego no hay evolución, ni en su escultura, ni en su arquitectura. Si esto hubiera ocurrido, es muy probable que estuvieran discutiendo sobre si griegos y romanos tuvieron un maestro o no.

Parece evidente que la única posibilidad de concebir el nacimiento de la civilización olmeca es echando mano de otra cultura que la apadrine. La cuestión es ahora buscar a sus predecesores y, en este sentido han surgido en los últimos tiempos varios estudios muy serios, aunque sus conclusiones son muy dispares, lo que provoca mayor fascinación por conocer su misterioso origen.

Los primeros en sacudir a la comunidad científica con sus estudios fueron los profesores Wiercinski y Afar. El primero de ellos publicó en 1.974 un informe sobre restos óseos donde demostraba mediante pruebas analíticas que pertenecían a negros africanos. Por otro lado, el profesor Afar publicó un informe similar sobre crá-

Expedición a los **mundos perdidos**

neos encontrados en el Valle del río Pecos, en Texas. Aunque las zonas geográficas eran distintas, las conclusiones fueron las mismas: América fue visitada hace miles de años por negros africanos, los análisis genéticos efectuados así lo demostraron.

Esta teoría puede además corroborarse por una larga serie de hechos; por ejemplo, Colón trajo del Nuevo Continente guanines (puntas de lanza utilizadas por las tribus de Guinea), que al ser analizados dieron el mismo porcentaje en la aleación (18 partes de oro, 6 de plata y 8 de cobre), que los originarios del África central. Núñez de Balboa nos describe en 1.513, en su paso por el istmo de Darién, una tribu de negros que habitaba aquella zona. Asimismo tenemos en América algunas etnias con rasgos negroides muy definidos como es el caso de los caribes de San Vicente o los charrúa de Brasil.

Otro estudio sobrecogedor es el realizado por el profesor Jeffreys de la Universidad de Johannesburgo donde se demuestra la existencia del maíz en África occidental antes de que llegaran los portugueses. Estas conclusiones se sacaron tras el análisis las danzas rituales de algunas tribus angoleñas en torno a la recogida de la cosecha del maíz, lo que demostraba que esta semilla era parte de su dieta desde hacía miles de años. Sin embargo, lo importante de las conclusiones a las que llega Jeffreys, es que el contacto entre negros africanos y tribus mesoamericanas no se produce de forma esporádica, sino de manera regular, cosa que no debe extrañarnos si tenemos en cuenta la escasa distancia que hay entre Cabo Verde (Senegal) y Cabo de San Roque (Brasil).

Pero sin duda el estudio que más revuelo ha provocado en los últimos tiempos es el realizado por el antropólogo mexicano De Garay. Su informe está basado en una célula, el sickle, un ente mutante resistente a la malaria que sólo existe en la sangre de los negros africanos. El profesor De Garay ha conseguido aislar esta célula en la sangre de los lacandones, una tribu del estado de Chiapas. La única forma de que esta célula aparezca en este pueblo mexicano es porque estos indios tienen antepasados negros.

Toda esta larga serie de estudios y datos nos podría hacer pensar que los padres de la civilización olmeca eran los africanos, pero en fechas recientes el profesor de humanidades, filosofía y lengua china de la University of Central Oklahoma, Mike Xu, nos ha hecho dudar sobre lo anteriormente referido. En su obra "Orígenes de la civilización olmeca", Xu hace un estudio comparativo entre su arte y el de la dinastía Shang. Pero lo realmente sorprendente es lo que descubrió al recopilar de las esculturas y vasijas olmecas: algo más

de 100 signos que muy pocos arqueólogos interpretaban hasta ahora como escritura. Se llevó su trabajo hasta Pekín para que los símbolos fueran estudiados por los mejores expertos en chino antiguo, y el resultado del análisis fue sobrecogedor:

> ...algo más de 100 signos son exactamente iguales a los que aparecen en la época Shang, marcando el comienzo de la escritura china.

algo más de 100 signos son exactamente iguales a los que aparecen en la época Shang, marcando el comienzo de la escritura china: la creación de una escritura que puede durar varios siglos, así que el resultado de este lento proceso se repita en Asia y en América es prácticamente imposible.

Lo que estos estudios ponen de manifiesto es que América se visitaba con asiduidad por diferentes culturas hace miles de años. Y que fruto de estos encuentros pudo surgir una de las civilizaciones más antiguas y fascinantes del nuevo mundo. Los olmecas desaparecieron por el auge de los mayas, mejores guerreros y más preparados que ellos. Les eclipsaron convirtiéndose en los amos y señores de enormes terrenos en la selva de centroamérica. Si en mi viaje por los estados mexicanos de Veracruz y Tabasco me sorprendí por la cantidad de enigmas que dejó esta cultura que desapareció en torno al siglo II después de Cristo, mucho más fascinado quedé en mis dos nuevos periplos que me llevaron hasta lo más profundo y desconocido del legado maya.

05 Los hombres que la selva se tragó

Los astrónomos imposibles

Hace ya muchos años que viajé hasta Chichén Itzá para ver cómo se vivía un equinoccio de primavera junto a la Pirámide del Castillo, que marca con una serpiente de luz proyectada desde sus escalones el comienzo de una nueva estación. Un milagro que contemplan en directo más de sesenta mil personas. Todo cabe en un día así. Borrachos, filósofos, poetas, gurús, científicos, arqueólogos... Completan un impresionante puzzle humano predispuesto compartir un momento mágico. La temperatura es de entre treinta y ocho y cuarenta grados a la sombra. Sin embargo, nada importa cuando uno puede ser testigo de un milagro que a ciencia cierta va a ocurrir. Tan sólo algunas molestas nubes pueden impedir que Kukulkan, el rey serpiente, baje de los cielos ante la mirada atónita de la muchedumbre. En la gran explanada de la pirámide se agolpan miles de personas, muchas de ellas vestidas de blanco como lo hacían los antiguos aztecas, preparados para recibir la energía que sólo puede captarse el veintiuno de marzo, equinoccio de primavera.

La ciudad sagrada de la tribu de los itzáes, Chichen Itzá, es un enorme centro ceremonial que guarda todavía gran parte de su antiguo esplendor. Es fácil deslumbrarse ante las bellas y armoniosas estructuras de piedra finamente labrada; sin embargo, los edificios no son un mero adorno para sorprender al viajero. Una buena parte de las construcciones tiene una función ritual y así, los mayas, maestros astrónomos y artesanos al mismo tiempo, idearon sus edificios para que en determinadas fechas provocaran efectos de luz que hoy todavía pueden verse con el mismo asombro que otros ojos experimentaron hace miles de años.

Sin embargo, la fauna humana que hoy se percibe nada tiene que ver con la de antaño. Hace mil años los sacerdotes subidos en lo alto de la pirámide principal, hoy conocida como el castillo, mostraban al pueblo cómo su magia mantenía vivos a los antiguos dioses. Ante la mirada atónita de toda la sociedad maya, una serpiente de luz se proyectaba sobre las escaleras de la pirámide y en poco más

> ...una serpiente de luz se proyectaba sobre las escaleras de la pirámide y en poco más de una hora ésta parecía bajar hasta la tierra...

Expedición a los **mundos perdidos**

de una hora ésta parecía bajar hasta la tierra, efecto que hoy todos los presentes van de nuevo a contemplar. Y a eso viene la enorme masa que hoy se congrega. Ya no hay sacerdotes encaramados en lo alto del monumento, pero sí gran cantidad de gurús venidos de medio mundo con sus esperpénticos séquitos. Es quizás el aspecto más absurdo de este día, el de los aspirantes a Mesías que afirman conocer en exclusiva el verdadero significado de esta antigua ceremonia. Sin embargo, entre tanto papanatas también puede encontrarse otro tipo de gente.

Son muchas las familias mayas que llegan a Chichén Itzá el día veintiuno de marzo desde primera hora de la mañana. Van todos los miembros del clan ataviados de fiesta, los hombres vestidos con sus mejores trajes y las mujeres con sus bellos ipilis. Traen en sus

05 Los hombres que la selva se tragó

cestas abundante comida y ofrendas para Kukulcan, maíz para que el dios serpiente les dé abundancia, pétalos de rosa para el amor y todo un pequeño ajuar cuyo significado se pierde en la noche de los tiempos. No se ponen en primera fila de la pirámide, como el resto de los turistas que, agolpándose, creen recibir más energía que el resto. Pero son los que guardan el verdadero significado de un ritual que no viene más que a dar un manto divino a la entrada de una nueva estación, la época del año donde la vida estalla consagrada por los cálidos rayos del sol.

Cuando llega la hora clave, las cuatro de la tarde, los gurús comienzan con sus particulares ceremonias. La actividad es frenética entre las diferentes televisiones del mundo que han viajado hasta allí para cubrir el evento, los gringos no sueltan su cámara grabando hasta el más mínimo detalle de la serpiente de luz y —como siempre— algún japonés despistado observa todo este conglomerado de gentes y sensaciones con cara de asombro y su Nikon digital de última generación. Mientras, un enorme dispositivo policial controla que no haya ningún tipo de altercado y que no se consuman bebidas alcohólicas, ya que otros años la borrachera colectiva provocó disturbios. Unos disfrutan con su limpieza de aura, otros lo hacen con el espectáculo astronómico y los más con la fiesta humana, mientras por los altavoces no para de sonar la voz monótona y tediosa que alecciona a la masa acerca de quiénes eran los mayas, discurso patético que por supuesto nadie oyó.

Tras hora y media de alucinación colectiva, la serpiente

de luz por fin se diluye tocando la tierra, momento en que los sesenta mil presentes alzan sus brazos para recibir la energía del gran Kukulkan, maestro de los itzáes, algo que un servidor también realizó. He de reconocer que en aquel momento no sentí nada especial, tan sólo la alegría de participar en un acto único, diferente hasta ahora a cualquier otra ceremonia en la que haya estado. Sin embargo, esta pequeña expedición que me llevó a recorrer dos mil kilómetros por la selva yucateca sí que estuvo revestida en cada momento de magia. Pero la magia, más que delante de una pirámide, la palpé en el corazón y en la sincera sonrisa de una personas que todavía llevan en su sencilla forma de vida un halo del misterio. Un misterio que hace miles de años les empujó a crear un imperio, cuyos restos desafían hoy día la mirada atónita de todos los que lo visitan.

La pirámide reloj

Como el mundo occidental y nuestra tecnología es tan prepotente, solemos catalogar todo lo antiguo como primitivo. Sin embargo, a poco que se profundice en el legado y en las obras de las antiguas civilizaciones, podremos comprobar cuán falsa es esta

05 Los hombres que la selva se tragó

asociación. Así pues, si los descubridores de las ruinas de Chichen Itzá se sorprendieron por la belleza y el trabajo de los antiguos artesanos y arquitectos, con sus observaciones no destaparon más que la punta del iceberg, pues el conocimiento de la cultura maya iba mucho más allá de lo que a simple vista podía comprobarse.

Es difícil encontrar explicación a la obsesión que los mayas demostraron por el tiempo y que se plasmó en su forma de vida y en sus obras. Pero lo increíble no es sólo que crearon el calendario más perfecto de cuantos hasta ahora hayan existido, en un periodo de tiempo corto con respecto a otras civilizaciones, sino que algunos de sus edificios, tal y como podemos comprobar hoy día, son imponentes relojes cósmicos con los que determinar el paso de los lustros.

> ...en todos los equinoccios se formaba sobre el lateral de una escalera de la Pirámide de Kukulkan, una serpiente de luz que bajaba hasta la tierra con el paso de las horas.

El primero en atisbar esta posibilidad fue Arcadio Salazar, custodio de la ciudad de Chichén Itzá, quien por casualidad descubrió que en todos los equinoccios se formaba sobre el lateral de una escalera de la Pirámide de Kukulkan, una serpiente de luz que bajaba hasta la tierra con el paso de las horas. Pero esto no fue más que el comienzo de un sinfín de sorpresas que las investigaciones de los últimos años han ido sacando a la luz.

La pirámide principal de esta ciudad, en la que pueden observarse los diferentes fenómenos arqueoastronómicos, tiene una altura de cincuenta y cinco metros, por veinticuatro de lado. Abandonada como el resto de obras mayas, sin motivo aparente, presenta en su interior otra pirámide menor en la que se encontró un trono jaguar y una caja de piedra con diferentes ofrendas, como corales, conchas, piedras labradas, etc., lo que ponía de manifiesto su sentido simbólico y ritual. Pero la pirámide tenía otra función además de la obviamente religiosa, ya que no sólo marca los equinoccios de primavera y otoño mediante una serpiente de luz, sino que también durante los solsticios es visible en ella otro tipo de efectos. En este caso, la iluminación total de sus lados norte y este mientras la penumbra hace lo propio con los dos restantes. De esta forma los antiguos sacerdotes sacralizaban el tiempo a la vez que demostraban su sabiduría al pueblo llano. Así, todos los días veintiuno de junio, solsticio de verano, el sumo sacerdote de la cuidad se postraba ante la pirámide y, al ver cómo se llenaban de radiante luz dos de los lados del monumento, gritaba: *"Kuun ku"*, que significa: "nuestro dios sol se ha parado". Como si el mismísimo astro rey se hubiera detenido ante ellos en su mágica pirámide y el enorme resplandor que tenían ante sí fuese producto de un fuego divino bajado del cielo.

Sin embargo, lo más impresionante de toda esta historia es cómo un pueblo tan antiguo y apartado fue capaz de crear edificios de este tipo, únicos en todo el mundo. La explicación a esta incógnita se la debemos al académico mexicano Miguel Ángel Bergara

que, tras laboriosos experimentos con pequeñas pirámides, redescubrió el método empleado por los antiguos sacerdotes para crear su maravilla. Primero despejaban un trozo de selva trazando un gran círculo en el suelo. El día veintiuno de junio marcaban en la figura geométrica el punto exacto de la salida del sol y el del ocaso. Igual hacían en el otro solsticio, teniendo ya la clave para que en ambas fechas se iluminaran por completo sólo dos

Expedición a los **mundos perdidos**

de los lados de la pirámide. Aunque esto no es más que el principio. Los conocimientos matemáticos y astronómicos necesarios para producir también los efectos de los equinoccios (que se repiten además por la noche cuando hay en estas fechas luna llena), son cuando menos sorprendentes e incomparables con los de cualquier otra civilización que haya conocido la humanidad.

Sin embargo, el simbolismo de la pirámide con respecto al paso del tiempo no acaba ahí, pues todos los elementos del enigmático edificio tienen un valor concreto astronómico y ritual. Y así, el número de escalones que se ilumina el día del solsticio, 182, es el número exacto de días que resta para que de nuevo podamos contemplar un efecto similar.

> ...el número de escalones que se ilumina el día del solsticio, 182, es el número exacto de días que resta para que de nuevo podamos contemplar un efecto similar.

05 Los hombres que la selva se tragó

Los magos del tiempo

Fueron el astrónomo Anthony Aveni, junto al arquitecto Horst Hartung los que determinaron hace décadas que todos los edificios mayas tenían una función astronómica. Su estudio se llevó a cabo tomando como patrón el Palacio del Gobernador de Uxmal. Los dos eruditos pudieron observar cómo este carismático edificio del Yucatán mexicano tenía una orientación distinta al resto de la ciudad. Fue entonces cuando decidieron trazar una perpendicular desde su portal central hacia el horizonte, apuntando esta línea imaginaria a un pequeño montículo que se situaba a cinco kilómetros y medio de distancia: la misma colina por la que asomaba el planeta Venus, de suma importancia en el calendario maya, en el año 750 después de Cristo.

Jamás existió una civilización que llegara a unas medidas tan precisas en su calendario como la cultura maya, pero muy posiblemente esa obsesión por el tiempo y el movimiento de los astros fue a la vez su perdición, ya que en base a estos factores sus sacerdotes profetizaban todo lo que iba a suceder, sentenciando de esta manera el futuro de su pueblo. Los mayas crearon tres calendarios que interactuaban entre sí, adivinando el pasado y el futuro en función de las distintas combinaciones que se iban sucediendo. El primer calendario era el Haab, de dieciocho meses de veinte días más cinco conocidos como el Uayeb (el sueño), en total 365, que marcaba los años solares. Representado como una rueda con una muesca por día, ésta se encajaba en otra más pequeña que era el Tzolkin, calendario lunar y sagrado compuesto por veinte meses de trece días, en total 260 días. En esta segunda rueda aparecían los veinte nombres de los días, y dentro de ella había una tercera rueda con los números del uno al trece. Un ciclo de tiempo básico para los mayas concluía cuando se habían dado todas las combinaciones posibles entre las tres ruedas, y una nueva combinación volvía a repetirse, fenómeno que sucedía cada cincuenta y dos años. Durante este periodo en el que los habitantes de las ciudades mayas se afanaban en remodelar sus edificios y templos, construyéndolos de manera diferente, como dando a entender de esta forma que todo comenzaba de nuevo.

Tal fue la obsesión que mostraron los mayas por el tiempo que cuando en un primer momento comenzaron a estudiarse sus inscripciones se llegó a pensar que todas ellas reflejaban acontecimientos relacionados con el transcurrir de los años. Y es cierto que una gran cantidad de ellas no son más que anotaciones sobre las diferentes combinaciones de sus calendarios solar y lunar, más el que les marcaba el planeta Venus, éste último con una duración anual de quinientos ochenta y cuatro días. Pero lo curioso de estas inscripciones no es el que reflejaran vaticinios en función de complejas predicciones astrológicas, sino que lo extraño es que muchas de ellas se refieren a un lejano pasado, mientras prácticamente ninguna al futuro. Ello es debido a que

> Los mayas crearon tres calendarios que interactuaban entre sí, adivinando el pasado y el futuro en función de las distintas combinaciones que se iban sucediendo.

05 Los hombres que la selva se tragó

> *...los sacerdotes mayas concebían el tiempo de forma cíclica y por eso se afanaban en aclarar lo que había sucedido en el pasado, convencidos de que se repetiría en su presente.*

los sacerdotes mayas concebían el tiempo de forma cíclica y por eso se afanaban en aclarar lo que había sucedido en el pasado, convencidos de que se repetiría en su presente. Sorprende que haya inscripciones que nos lleven hasta noventa millones de años atrás, mientras que las que hablan del futuro no sobrepasan el año cuatro mil de nuestra era. El poder de los astrónomos mayas estaba en función de que se cumplieran sus predicciones y no es descabellado pensar que fueran capaces con sus vaticinios de provocar incluso que una población entera abandonase una ciudad para instalarse en otro lugar. Cierto es que esta hipótesis nunca ha podido ser demostrada, al igual que el resto de las que se han creado para explicar la misteriosa desaparición de esta fascinante cultura.

Tikal y el enigmático Atitlán

Mi tercer viaje por tierras mayas fue a las selvas del norte de Guatemala. Mientras escribo estas líneas cierro los ojos y me viene a la mente el color vivo de los tucanes de las selvas de la península de Yucatán, que aletean buscando frutos maduros en las frescas horas del atardecer: el desagradable grito de los monos aulladores y las nubes de mosquitos que se concentran alrededor de las numerosas charcas del bosque. Todo en aquellos frondosos parajes parece estar vivo, la belleza de lo que te rodea es infinita, tanto como la incomodidad de caminar por un lugar donde el calor pasa de los treinta grados y la humedad puede llegar hasta el ochenta por ciento. Pero fue en este sitio y no en otro donde se desarrolló una de las culturas más enigmáticas que ha habitado en la Tierra.

La principal función de nuestro viaje era comprobar en el presente cómo continúa viva la cultura maya en los pueblos autóctonos de algunas regiones de Yucatán y palpar con nuestras manos su máximo esplendor recorriendo las ruinas de Tikal. Para ello debíamos desplazarnos primero hasta el Lago Atitlán, donde viejos

05 Los hombres que la selva se tragó

chamanes continúan todavía utilizando el viejo calendario que tan conocidos los ha hecho a nivel arqueológico. Rodeado por volcanes, diferentes comunidades indígenas se asientan en el precioso lago de aguas azul intenso que ahora surcamos. La más conocida de ellas es la de Santiago Atitlán. Sus vecinos pertenecen a la etnia Sutuil, que significa "flor de maíz". Tras varias reuniones con algunos ancianos del lugar, pudimos entrar y tener una ceremonia

privada dentro de la cofradía del Maximón, un ídolo de madera que fue durante siglos escondido para que la Santa Inquisición no asesinara a todos y cuantos perpetuaron, ante su enigmática silueta, ritos paganos.

El lugar era una habitación oscura en la que no paraban de quemar diferentes sahumerios. Algo más de una hora duró la ceremonia en la que me hicieron cofrade. Durante todo ese tiempo tuve que

05 Los hombres que la selva se tragó

estar arrodillado, al santo se le daba cerveza de forma continuada, cosa que yo también repetía, pues al Maximón le gusta el alcohol y fuma sin parar, como ofrenda a su gallardía. De la misma forma, pues fuerte es su espíritu, desprecia a los cobardes, así que debía mirarlo a los ojos mientras el chamán repetía cantos mayas sin cesar para que me protegiera en mis diferentes viajes y en mi vida. Puede parecerles frívolo comentarles que terminé borracho, pero también sería mentirles decirles otra cosa, era la fiesta de un pueblo que desde tiempo inmemorial fue guerrero y así se comportaban.

Casi al final de la ceremonia le quitaron a Maximón uno de sus sombreros y me lo pusieron en la cabeza, a la vez que taparon mi rostro con un paño repleto de mil colores. Con él secaron mi sudor y, tras retirármelo, ya era según el chamán una persona nueva. Ancianos de dientes mellados me miraban y se reían, a la vez que se sentían orgullosos por compartir su magia con un extranjero capaz de ser parte de sus ritos. Y es que su religión, al contrario que la nuestra, no es excluyente. Sus dioses protegen a todo aquel que se les acerque con respeto. Con dolor de rodillas y embriagado, salí de aquel lugar bendecido por una magia maya que creo que todavía me acompaña. Entenderla es casi imposible, pues hay que meterse en la piel de hombres que durante siglos repitieron lo mismo que yo había hecho, ocultos en diferentes lugares del bosque, huyendo de esta manera de la persecución cristiana; un culto a la naturaleza y a la fuerza que le lleva a uno a su estado más primitivo, a ese animal desnudo que todos llevamos dentro. Y así en el fondo me sentí, desnudo, tras haber sido parte de una ceremonia que lo que intenta es que uno nazca de nuevo.

Expedición a los **mundos perdidos**

05 Los hombres que la selva se tragó

Tras tomar un avión fuimos a la parte norte de Guatemala para adentrarnos en un parque nacional de exuberante selva que comprende 576 kilómetros cuadrados. La existencia de la cuidad de Tikal fue durante siglos una leyenda hasta que fue descubierta por Modesto Méndez en 1.848, siendo la urbe maya más grande de cuantas jamás hayan existido. Parece ser que la palabra Tikal significa "voces" y viene de la creencia de que en este lugar se pueden escuchar los susurros de los espíritus.

Desde hace cuatro mil quinientos años hay documentada la existencia de asentamientos humanos en sus colinas, aunque la

cultura maya se desarrolló mucho más tarde. Para los arqueólogos es todo un misterio, pues existen otros sitios cercanos mucho más propios para que en ellos habite el hombre, ya que el abastecimiento de agua en la zona es muy complejo. Esto probaría que por algún motivo desconocido este trozo de selva siempre fue considerado sagrado. Y eso es lo que nos ha quedado aquí de sus antiguos pobladores, sus monumentos erigidos en honor a lo divino, templos y pirámides funerarias que todavía guardan infinidad de secretos. Cuatro noches pasamos en Tikal, donde nada está construido al azar. Monumentos y tumbas tienen relación con los astros y con un tiempo en el que el hombre era parte de la fascinante naturaleza que aquí le rodea.

Tikal resume lo que fue el mundo maya: enormes ciudades construidas por pacientes manos que se abandonaron de la noche a la mañana sin que sepamos el por qué. Sus edificios y sus pirámides hoy tienen el color de la piedra gastada. Sin embargo, antaño deslumbraban al viajero con sus vivos colores, pues todas estaban estucadas y pintadas. Todos los edificios que hoy vemos tenían fines ceremoniales, pues sus habitantes, incluidos reyes y nobleza, vivían en casas que el paso del tiempo ha destruido. Los mayas llamaban a sus gobernantes *alach uinic*, que significa "hombre verdadero", y su poder no tenía fin.

En Tikal hay algo más de tres mil construcciones pero sólo una pequeña parte de ellas se ha recuperado de la selva. Se habitó durante un milenio, hasta que en el año 869 se esculpió su última estela. Sin embargo, aunque ahora pasee entre ruinas, sé que el mundo maya sigue vivo, pues los pueblos indígenas de toda mesoamérica conservan el idioma y las tradiciones de los arquitectos de Tikal. Estoy seguro de que algún día esta selva nos desvelará muchos más secretos. Enigmas que a buen seguro harán que cada día más nos fascinemos con una civilización de hombres rudos que supo domar uno de los territorios más inhóspitos del planeta.

06
Un mundo de arena y barro

Diez horas de avión que me parecieron infinitas. Libros viejos sobre la mesa, revistas casi rotas de tanta lectura, mil anhelos y sobre todo una ilusión: internarme en lo más profundo e incomprendido de América, esa tierra hermana que guarda todavía en sus selvas y desiertos, enigmas que tienen la facultad de transportarnos hasta un pasado, todavía en muchos aspectos, desconocido. Un mundo regido por la magia de antiguos y extraños sacerdotes, por el poder del hechicero y el canto susurrante del chamán, que con sus versos es capaz de conectarse con misteriosos espíritus. Toda otra realidad que se aferra a ancestrales creencias y que se resiste a ser devorada por la banalidad de este siglo XXI. Ciudades que de las entrañas de la tierra afloran de nuevo al presente, gracias a la paciencia de tenaces arqueólogos. Otros mundos que ya se fueron y que ahora vuelven a ser parte de éste. Eso es en resumen la costa del Perú, un sitio donde el desierto y el mar se abrazan. Un paraje donde afloraron míticas civilizaciones que conservan todavía la magia que antaño las hizo únicas en nuestro planeta.

Con los pies en la tierra

A primera vista Lima, la capital de Perú, es un inabordable caos capaz de abrumar al más experto de los viajeros. Punto ineludible de partida, por otro lado, de cualquier expedición que pretenda internarse en los mil y un rincones inexplorados que todavía quedan en el país del dios sol. El hotel donde me albergo, el Bolívar, en pleno centro de la ciudad, es el más antiguo de la capital, no exento de mil leyendas, incluso de algunas que hablan de la existencia de fantasmas en sus últimos pisos. Éste iba a ser mi centro de operaciones, el mismo que antaño tuvieron otros aventureros con los que hoy comparto un mismo anhelo.

Expedición a los **mundos perdidos**

Para esta primera etapa la ruta ya estaba diseñada desde España: primero iría a la ciudad sagrada de Caral, los restos más antiguos de América según las últimas investigaciones, para proseguir por la costa de Perú, hasta Cerro Sechín, cuyos macabros murales reflejan como ninguno la crueldad de pretéritos sacrificios humanos. Desde aquí seguiría sin dejar la orilla del mar hasta Chan Chan, capital del imperio chimú, testigo mudo de unos hombres capaces de crear todo un mundo sólo con barro, para continuar hacia el norte e internarme en los enigmas de uno de los mayores descubrimientos arqueológicos de todos los tiempos: la tumba del Señor de Sipán. Como culminación a esta primera etapa de mi aventura, regresaría de nuevo por la costa hasta uno de los desiertos más inhóspitos del planeta, la Pampa Colorada de Nazca, cuyos geoglifos siguen siendo un insondable misterio.

Había, pues, mucho trabajo por hacer en esta primera etapa y no debía perder tiempo, aunque Lima bien merecía un alto en el camino. Antaño ciudad de virreyes, fue durante varios siglos la metrópoli más importante de América junto con México. Cuando Pizarro la fundó un 18 de enero de 1.535, apenas contaba con cien habitantes. Hoy sus casi ocho millones de vecinos son un vivo ejemplo del crisol de culturas que habitaron y habitan este país de marcado carácter andino. Su toponimia es una derivación del antiguo nombre del río que la atraviesa, el Rimac, que significa "hablador".

06 Un mundo de arena y barro

En los últimos sesenta años los limeños se han acostumbrado al continuo flujo de inmigrantes venidos desde todos los rincones de Perú, creando en sus calles un bullicio único en toda América. La picaresca de sus habitantes es una cualidad asombrosa a la hora de adaptarse a situaciones difíciles. Todo en Lima tiene el aspecto de ser un caos y, sin embargo, funciona.

Una de las cosas que más me llamó la atención es el continuo sonido de las bocinas de los coches. Si alguien gira a la izquierda toca el claxon, si es hacia la derecha ídem. Si se para, lo mismo, si

Expedición a los mundos perdidos

va marcha atrás... ¿adivinen qué hace? Da igual la hora, sea de día o de noche, a media tarde o por la mañana, cientos de pitidos estridentes, graves, musicales e incluso inquisitoriales se mezclan siempre en tus oídos mientras camines por Lima. A cualquier europeo, aún avezado en la conducción, le sería imposible guiar un vehículo por esta ciudad. Los semáforos tienen una misión entre lo meramente funcional y lo decorativo. Sobre el resto de señales prefiero no hablar. Lo más increíble es que no vimos ni un solo accidente. Como ya les comentaba: un caos, pero increíblemente funciona.

06 Un mundo de arena y barro

De todas maneras no todo en las calles de Lima es ruido y humo de motores, siempre en el centro del huracán hay un lugar donde reina la calma. Si la capital de Perú es la tempestad, el barrio de Barranco es la brisa que devuelve a sus vecinos una armoniosa paz. El lugar donde se mezclan las parejas de enamorados con mil y un bohemios que disfrutan paseando por el famoso Puente de los Suspiros. Sus casas con sabor colonial adornan un pequeño valle donde no pueden penetrar los molestos coches. Al final de este terreno escarpado se sitúa un fabuloso mirador desde el que se pueden contemplar unos preciosos crepúsculos con el marco incomparable del puerto y el inmenso Pacífico. Muchas tardes las pasé aquí, pensando en el camino que me quedaba. Saboreando una cerveza bien fría, miraba el mar que antaño muchos surcaron buscando también mundos perdidos. Los mismos a los que yo iba a enfrentarme en los próximos días.

Expedición a los **mundos perdidos**

La ciudad del dios del fuego

Pocos meses antes su nombre había llenado los teletipos de las más importantes agencias de noticias del mundo. La ciudad sagrada de Caral era, según estas fuentes, no sólo la más antigua de toda América según las

...la construcción de pirámides de Caral fue al menos tres siglos anterior al de sus hermanas egipcias.

pruebas de carbono 14, sino que además este hallazgo demostraba que la construcción de pirámides en el Nuevo Mundo fue al menos tres siglos anterior al de sus hermanas egipcias. Investigar Caral era como enfrentarse a una convulsión en la Historia, pues hasta ahora los comienzos de la civilización americana se fechaban sobre el año mil quinientos antes de Cristo con las culturas chavín en Perú y la olmeca en México. Los secretos que guarda la arena de este

189

06 Un mundo de arena y barro

> *Un total de ocho pirámides se han descubierto hasta la fecha en Caral...*

trozo de desierto le están dando ni más ni menos que quince siglos más de historia a América. Estaba obligado, pues, a llegar hasta el fondo de la noticia.

Tras una serie de pesquisas pude reunirme en Lima con Ruth Shady, la arqueóloga que desde hace más de una década dirige las excavaciones en Caral, y con todo su equipo de colaboradores. De su mano y guiados por su voz, descubrimos todo un universo olvidado. Ubicada en el actual Valle del Supe, una vega fértil que atraviesa un tórrido desierto, sus pirámides y sus templos acaban de ver de nuevo la luz. Sacerdotes y astrónomos desarrollaron allí una cultura fascinante guiados por un misterioso dios del fuego cuyo nombre se ha perdido para siempre. Uno de los denominadores de esta ciudad es que en sus templos proliferaba la utilización de llamas como nunca jamás ha hecho otra civilización. Bajo la tierra se excavaban túneles que llevaban chorros de aire hasta el interior de diferentes recintos sagrados. Estas oquedades desembocaban en la parte inferior de agujeros en los que se hacía el fuego sagrado. El resultado debió ser espectacular. A la vez que el chamán rezaba a los dioses, enormes llamaradas ascendían al cielo guiadas por sus palabras. El aire que desde abajo avivaba las brasas era el responsable de tan singular espectáculo. Los asistentes a la ceremonia tenían la sensación de que el fuego aparecía de la nada, como si la mismísima mano de un

terrible dios venido del Averno fuera la que guiase los conjuros del sacerdote.

Acompañado por la arqueóloga Liliana Tapia, pude ir por fin a Caral. Tras atravesar durante varias horas una tortuosa carretera que surca terrenos tan agrestes que son dignos de formar parte del infierno, mis ojos pudieron contemplar aquella inquietante maravilla: pirámides que después de un largo sueño renacían de la arena, plazas, calles, monumentos megalíticos... Más de sesenta hectáreas en total de zona arqueológica cuyo estudio daba un vuelco a los paralelismos históricos que existen entre el viejo y el nuevo continente.

Un total de ocho pirámides se han descubierto hasta la fecha en Caral, todas de estilo similar, remodeladas por sus habitantes en diferentes ocasiones. Pero si en Egipto o Asia Menor este tipo de construcciones son en la mayoría de las ocasiones tumbas o viejos templos, en este lugar su significado es mucho más oscuro. En una de las plazas de la ciudad podemos ver un monolito de color negro que para los estudiosos puede ser la representación de un *apu* o montaña sagrada. El caso es que aquí las pirámides eran edificios

religiosos en los que se hicieron multitudinarias ceremonias cuyo contenido prácticamente desconocemos.

Casi con toda seguridad, y al igual que sucedió en el resto de culturas americanas que sucedieron a Caral, el sacerdote y el rey de la comunidad subían las escaleras de las pirámides para ser aclamados por su pueblo. Desde aquí dirigirían sacrificios y otro tipo de espectáculos religiosos donde refrendar su poder ante el resto de los

habitantes de la urbe. La sangre fue a buen seguro, junto al fuego, la base de sus rituales; no en vano los restos de una persona sacrificada han sido hallados en los cimientos de uno de estos edificios.

Pero uno de los grandes enigmas que nos ha dado este sitio es el uso de sus anfiteatros, algunos de ellos unidos a las pirámides. Su verdadero significado está abierto a todo tipo de conjeturas, ceremonias multitudinarias, sacrificios humanos o simplemente

06 Un mundo de arena y barro

juegos que se han perdido con el paso del tiempo. El caso es que lo sucedido aquí tiene todavía el poder de aterrorizar a los habitantes del Valle del Supe. Los obreros que participaban en las excavaciones hacían todos los días una ofrenda al dios del fuego, quemando diferentes exvotos antes de comenzar a trabajar para que éste no les hiciera daño ni a ellos ni a sus familias. Para esta gente este sitio es sagrado, pero si no fue saqueado antes de la llegada de los arqueólogos es porque para los que viven en esta región Caral es un verdadero hogar de demonios, de seres terribles que un día vivieron en la Tierra, cuyo poder se ha perpetuado hasta nuestro tiempo a través de los edificios que ahora puede contemplar el viajero.

Para la arqueóloga Ruth Shady en este lugar se halla la verdadera semilla del resto de civilizaciones que se desarrollaron en América del Sur, y cierto es que aquí se pueden contemplar no sólo edificios que más tarde intentarán imitar el resto de pueblos peruanos, sino que también aquí nos encontramos con el geoglifo más antiguo de este continente. A escasamente un kilómetro de donde ahora me encuentro hay dibujado en la tierra uno de los rostros más horribles que jamás he visto. Con cuarenta metros de largo por veinte de ancho, su cara parece dar un grito de dolor realmente desconcertante. Su boca abierta y su pelo, o sangre, no podemos saberlo, cae por su nuca hasta una espalda que ya no existe.

Tres mil años más tarde los nazcas harían de los geoglifos todo un arte único en el mundo. Sin embargo, quince siglos más tarde, en otra ciudad apartada del turismo, estas mismas muecas de dolor serían retratadas dando pie a una discusión arqueológica que todavía perdura: Cerro Sechín, ¿cómo es posible que un pueblo adore de tal manera la muerte y la tortura? Nunca lo sabremos. Pero el miedo que un día reinó aquí está todavía impregnado en los oriundos de esta zona. El legado de terribles dioses que posiblemente no fue más que la crueldad de unos tiranos que utilizaron su sabiduría para esclavizar a toda una comunidad durante siglos. Caral es de un lado la semilla de América y por otro parece mostrarnos su faceta más cruel. Esa en la que la vida humana no era más que un tributo para aplacar la ira del infierno.

Aquel terrible lugar

Carretera rumbo norte, esa dirección marcaba mi viaje y mi destino. Hace ya años que, hablando de las ruinas que iba a visitar ahora con el Doctor Fernando Jiménez del Oso, me desconcerté por su significado. Tuve la oportunidad de compartir con este hombre sabio muchas tardes en su casa, a la vez que planificaba mis viajes

06 Un mundo de arena y barro

a América. Él la conocía mejor que nadie. Pero siendo de un talante enigmático a la vez que poético, en sus escritos nada bueno pudo narrar de este lugar. Y es que en verdad ver sus murales desconcierta.

Cerro Sechín es un templo erigido hace tres mil setecientos años a los pies de una montaña dentro de la provincia peruana de Casma. Su estilo arquitectónico es único. A caballo entre lo tosco y lo armonioso, sus firmes muros exteriores de pesada roca resguardan una parte interior, hecha de adobe, que muestra un trabajo mucho más fino. La ubicación del templo no es casual, el carácter sagrado que los antiguos pueblos andinos daban a las montañas, en las que según sus creencias vivían los *apus*, unos poderosos espíritus, fue posiblemente el motivo de la construcción del templo. Todavía quedan en el cerro que hay a la espalda del recinto caminos antiquísimos que posiblemente fueron utilizados en diferentes rituales y procesiones. Pero lo verdaderamente relevante de Sechín no es su arquitectura o su ubicación, sino el arte que en él se expresa, lo que ha dado lugar a un sinfín de conjeturas acerca de cuál era su verdadera función.

Adornando la fachada principal del templo se pueden contemplar un montón de terribles grabados donde se aprecian con claridad horribles mutilaciones. Desde la extracción de un ojo hasta el corte de un hombre por la mitad. El puzzle de vísceras y sangre que hay en estas paredes hizo que sobre su significado aparecieran mil y una teorías sin que ninguna de ellas haya sido probada hasta la fecha. Para unos fue un lugar donde se estudiaba medicina, debido al detalle con que aparece la anatomía humana, mientras que para otros tales dibujos no fueron más que el reflejo del fin de una batalla, donde se ajustició a los vencidos.

> *Adornando la fachada principal del templo se pueden contemplar un montón de terribles grabados donde se aprecian con claridad horribles mutilaciones.*

Lo que sí está claro es que, presidiendo tan terribles escenas, aparece siempre la figura de un maquiavélico sacerdote guerrero adornado con cabezas trofeo. De presencia inquietante y gesto amenazador, se puede ver cómo a lo largo del muro exterior del templo el personaje va evolucionando en sus gestos y atuendos a la vez que la sangre de sus víctimas es cada vez mayor, para llegar hasta una representación que hay justo al lado de la entrada principal en la que, ya cargado con las cabezas de sus enemigos y con un complejo tocado, más parece un cruel rey que un simple chamán. Y es que aunque nos cueste asumirlo hubo épocas en la Historia (no sólo la antigua, sino también en la más reciente) donde la infamia y la barbarie se antepusieron a la razón. Sechín fue posiblemente, además de un templo, un lugar que marcaba una terrible advertencia: la que recordaba a los hombres que pagarían con su propia vida y con terribles castigos el atrevimiento de rebelarse ante ciertos poderes.

Cerro Sechín resume en sus algo más de cincuenta metros de fachada principal hasta dónde era venerada la violencia y el poder de la sangre, aunque les aseguro que en ningún lugar del mundo contemplé nada parecido. El signo sagrado que aparece en sus paredes es la constelación de la estrella del sur, interpretada en esta ocasión como la mismísima puerta del infierno. Pone los pelos de punta la comparativa entre el rostro del geoglifo de Caral y los petroglifos de este lugar, pues la única conclusión posible es que este tipo de terribles rituales se perpetuó por lo menos durante mil quinientos años. El dibujante no escatimó en detalles de sangre y crueldad. Aquí es muy probable que por primera vez se mezclaran ritos de la costa del Perú con otros andinos más propios del pueblo quechua, y la verdad que el resultado fue una oda macabra. En todos los continentes los guerreros han hecho alarde de las cabezas trofeo por pensar que en ellas estaba encerrada el alma de su enemigo, algo que fue muy común también en Europa por ejemplo entre los celtas. Pero en Cerro Sechín no se retrata una guerra o una lucha; es la violencia por la violencia. Un elemento religioso y ancestral que nos guste o no sigue presente en todos nosotros, de manera tan inexplicable como es el contenido de estos viejos murales.

El país de barro

Siguiendo nuestro viaje sin abandonar la costa de Perú, llegamos hasta una provincia de nombre evocador para cualquier hombre: Libertad. Su capital, Trujillo, es una ciudad cargada de Historia, bautizada así en honor al pueblo en donde nació Francisco Pizarro. En ella se forjó la rebelión que llevó a Perú a obtener su anhelada independencia, de ahí que el nombre de esta provincia sea el citado.

Pero si había llegado hasta aquí no era para sumergirme en el pasado colonial del Perú, sino para contemplar los restos de uno de los imperios más importantes que jamás hayan existido por estas latitudes. Muy cerca de Trujillo, justo a la orilla del Pacífico, se encuentran los restos de un reino que abarcó más de mil trescientos kilómetros de costa. Unas ruinas tan distintas a las que veníamos de ver que parecía que estábamos a tan sólo unos cientos de kilómetros en un país distinto. Y es que Perú tiene una increíble capacidad para mostrar hasta el extremo que el hombre es capaz de ser diverso, ingenioso, cruel y afable como ninguna otra criatura.

> *Cada monarca construía una urbe que era cerrada y clausurada a la hora de su entierro, teniendo su hijo que construir una nueva que albergara a su pueblo.*

Es difícil imaginar cómo fue aquel mundo. Viene a ser como si ese dios que un día se metió a alfarero y moldeó con sus manos al hombre, hubiera tenido tiempo también para crear la más hermosa de las ciudades. Sólo un ápice de lo que fue antaño permanece en pie, y sin embargo, la enigmática Chan Chan conserva todavía una armonía comparable a la de las más bellas urbes de la Roma Clásica. La diferencia respecto a otros lugares es que todo aquí está hecho de barro, tan finamente trabajado que sus frisos en relieve permanecen tan bellos como lo fueron hace más de mil años. En ellos, peces y pelícanos recorren distintas estancias trazando sinuosos caminos que nos internan en las entrañas de un mundo perdido. Las ruinas que hoy son una lección de cómo puede trabajarse un material tan pobre, antaño fueron la capital del imperio Chimú, que dominó toda la costa del Perú hasta que sus vecinos incas pusieron fin por la fuerza a varios siglos de esplendor. Los restos por los que ahora camino son una de las nueve ciudadelas que en su tiempo aquí existían, cada una de ellas consagrada a un nuevo rey. Cada monarca construía una urbe que era cerrada y clausurada a la hora de su entierro, teniendo su hijo que construir una nueva que albergara a su pueblo. En Chan Chan llegaron a vivir hasta cincuenta mil personas que dependían del mar como principal fuente de alimento. De ahí que peces, pelícanos y otros animales marinos fueran sagrados para ellos.

Describir toda aquella fascinante cultura en pocas líneas es tarea imposible, ya que es materia que ha dado para que existan varios

06 Un mundo de arena y barro

libros al respecto. Para entender, sin embargo, el esplendor de esta ciudad, valga sólo un dato: del saqueo de las tumbas que aquí existen se pagó a la Corona Española la cantidad de 392 kilogramos de oro, en función de quinto por la explotación. Si pensamos, como es lógico de otro lado, que la cantidad pagada como impuesto no es reflejo fiel de lo que realmente se encontró, podemos hacernos una idea de hasta dónde llegó el esplendor y la riqueza de los chimúes. Por desgracia en los libros de la conquista sólo quedó constancia, como siempre, del maldito oro. La cultura por aquel tiempo no interesaba en exceso. Tampoco es justo que valoremos la historia de un pueblo por la cantidad de metales preciosos que acumularon.

Pero si fascinantes son los restos de Chan Chan, no lo es menos su origen. Para los lugareños fue un dios hecho hombre, Tacainamo, el que subido en su barca de totora fundó todo este imperio. Fue él y no otro el que enseñó a las tribus de la costa a navegar, a pescar y a construir preciosas urbes. Antaño la ciudadela que hoy es todo barro estuvo repleta de hermosos jardines que desprendían exóticos olores. El agua se obtenía de *wachakes*, fosos con paredes forradas de piedra por donde rezumaba el agua dulce necesaria para la vida cotidiana. Sus sacerdotes adoraban a la luna, por ser ésta la que avivaba las mareas de un océano que sigue dando sus frutos con generosidad. Y sus sabios excavaron también grandes piscinas en las que poder observar el movimiento de los astros para así entender un firmamento que se les hacía caprichoso e incomprensible.

Así fue la vieja Chan Chan hasta que los incas acabaron a golpe de maza y de onda con esta maravilla del ingenio humano. En el vecino pueblo de Huanchaco todavía pueden contemplarse hoy en día las viejas barcas de totora que son una reliquia viva de la navegación primitiva. Viendo a sus aldeanos pescar es fácil imaginarse aquel mundo, bendecido por un magnífico mar. Recuerdo que antes de abandonar las ruinas pregunté a uno de sus cuidadores por la conservación de las mismas y me dijo que estaba preocupado por el cambio climático y las posibles precipitaciones que podían destruir este magnífico legado. Yo, como un ingenuo, le respondí que no sería difícil reparar los frisos de barro, ahora impermeabilizados con productos químicos. Entonces me llevó hasta un recoveco de la ciudad para que contemplase algunos pelícanos que jamás habían sido tocados por la humedad, y a su lado otros reconstruidos. La diferencia era más que clara, los que tenían más de dos mil años tenían una perfección sobrenatural. Siempre recordaré su despedida: *"Sí señor, construían sólo con barro y con sus manos, pero de una forma que no hemos podido reproducir jamás"*.

El señor de Sipán

Siguiendo mi viaje llego hasta la ciudad de Chiclayo, una antigua aldea indígena que con el paso del tiempo se ha convertido en una próspera urbe. Hoy en día es conocida por el sobrenombre de la "ciudad de la amistad" por la amabilidad de su gente, y en verdad no es necesario más que darse un paseo por sus calles para darse cuenta de que su apelativo es acertado. Los fines de semana las personas del lugar se reúnen en merenderos que hay a las afueras y en ellos organizan bailes populares. Un sitio ideal para descubrir la cara más amable de Perú, pero el motivo de mi visita no era ése.

A poca distancia de Chiclayo se encuentran las ruinas de varias ciudades pertenecientes a la cultura mochica. El esplendor de ese pueblo se dio entre los siglos I y VI después de Cristo, tiempo en

Expedición a los **mundos perdidos**

el que convirtieron en un vergel diferentes zonas del desierto que ahora me rodea. Los mochicas vivieron durante este tiempo en la orilla de diferentes ríos que atraviesan la franja norte de Perú. Torrentes que bajan desde los Andes surcando el desierto para llevar sus aguas hasta el frío Pacífico. Los mochicas aprovecharon estos valles y en ellos crearon todo un mundo complejo que está viendo la luz en las últimas dos décadas. Lugares como los de Tucume, Sicán o el más famoso de ellos, Sipán, son muy poco visitados por los turistas que cuando llegan a Perú acuden en masa al Valle Sagrado de los incas olvidándose de que este país tiene mil y un tesoros todavía por mostrar.

> *El ajuar del rey de Sipán ha sido el hallazgo arqueológico más importante de las últimas décadas.*

La cultura mochica ha sido una gran olvidada quizás porque en un país como este, lleno de maravillas arqueológicas, las ruinas citadas no tienen el esplendor de otras hechas en dura piedra. Sin embargo, el aspecto exterior de muchas cosas no es más que un gran engaño. Donde hoy sólo quedan gastadas pirámides de barro, antaño caminaron grandes señores acompañados de su enorme corte. Algunas edificaciones, aún maltratadas por el tiempo, son todavía impresionantes como es por ejemplo la huaca del sol, construida con veinticinco millones de bloques de adobe. Poco o nada se sabía por desgracia de la realidad de este pueblo, en parte por la acción de los saqueadores de tumbas, hasta que hace pocos años un avezado arqueólogo peruano se jugó la vida para rescatar el mayor tesoro que se encontró a finales del siglo pasado.

Walter Alba es uno de esos hombres humildes que, llamado por el destino, escribió una página en la Historia. En 1.987, ante el expolio que se estaba dando en las ruinas de Sipán, se vio obligado a actuar precipitadamente encabezando una excavación que rescató una parte fascinante de un olvidado pasado. Tuvo que dirigir los trabajos con un subfusil colgando y ser parte implicada en un par de tiroteos con ladrones de tumbas que se negaban a perder su tesoro. Bajo sus pies, en lo más profundo de una vieja pirámide, apareció la tumba de un antiguo señor ricamente ataviado. El ajuar del rey de Sipán no sólo ha sido el hallazgo arqueológico más importante de las

06 Un mundo de arena y barro

últimas décadas, sino que también puso a la cultura mochica en un lugar de honor dentro de la historia de América. Cientos de objetos cerámicos y cientos también de oro, algunos de ellos de gran tamaño, vieron la luz. Los que ya se sabía que eran grandes alfareros resultaron ser todavía mejores orfebres, dejando para la posteridad complejos trabajos con metales preciosos.

El mundo mochica se reveló aquel día como un universo de grandes señores de la guerra. Lo curioso es que todavía, en la actualidad, la gran mayoría de las ruinas pertenecientes a esta cultura están todavía sin excavar. Nadie sabe a ciencia cierta lo que resta por aparecer, pues Sipán no era comparable en tamaño a otras urbes de aquel tiempo. Lo que sí está claro es que infinidad de tesoros permanecen hoy en día intactos bajo los suelos desérticos del Perú, joyas que de nuevo mostrarán al mundo que la cultura mochica es capaz de resurgir, por méritos propios, de sus cenizas y de su injusto olvido.

Tuve el placer de charlar con Walter Alba y él mismo me enseñó el museo que se ha creado para guardar el fantástico tesoro de un rey anónimo. Es difícil imaginarse cómo fue el entierro de este hombre, pero los datos hallados dan la oportunidad de

acercarnos a la realidad. Cientos de hombres y mujeres ataviados con túnicas blancas seguían el cuerpo sin vida de su señor. Delante los sacerdotes iban arrojando polvo de conchas marinas molidas que purificaban el paso del cadáver.  Los guerreros con largas mazas de cobre, escudos y adornos de oro en su cara daban solemnidad al acto. Cientos de obreros elaboraban ladrillos de adobe para terminar la pirámide que iba a ser consagrada como tumba. Una vez depositado el cuerpo pasaron varios días de rituales. Tres de sus esposas fueron descarnadas y ataviadas para acompañar a su marido en su viaje final.

En el entierro definitivo flautas y tambores resonaron por los ocres valles de la costa peruana. Delante del señor ya sin vida, vestido como rey con grandes petos de oro, se postraron cinco personas: el jefe de los guerreros, un portaestandarte, un sirviente, el mejor soldado de la tropa y un niño. Todos ellos fueron sacrificados sin que en su rostro hubiera lugar para el miedo. La creencia ciega en la plácida vida en el más allá al lado de su poderoso señor hacía que estuvieran felices. Dentro de la tumba los sacerdotes rezaban a la vez que ponían los cuerpos en su posición definitiva. Maíz, chicha y otras viandas eran colocadas para que el viaje hasta el inframundo fuese más cómodo. Al mejor de sus soldados se le amputaron los pies después de muerto para que no pudiera huir de los demonios del más allá, estando condenado a defenderle hasta la eternidad. Luego miles de ladrillos de adobe taparon las sepulturas hasta que el arqueólogo Walter Alba las sacó de nuevo a la luz, rescatando parte de un mundo tan misterioso como olvidado.

Escrito sobre la arena

La búsqueda por el desierto continuaba y me faltaba una pieza clave en este puzle que hace miles de años construyó la historia. Debió ser estremecedora la sensación que tuvo Paul Kosok en 1.939 cuando, sobrevolando la árida Pampa Colorada en busca de antiguos sistemas de regadío, encontró sin proponérselo la mayor fábula que el hombre haya dibujado jamás sobre la Tierra. Ante sus ojos aparecieron perfectamente definidas sobre la arena líneas que se perdían en el horizonte, diferentes motivos geométricos y, lo más

> *Paul Kosok en 1.939 encontró sin proponérselo la mayor fábula que el hombre haya dibujado jamás sobre la Tierra.*

impresionante, enormes figuras de animales trazadas con majestuosa perfección. Desde aquel día el desierto de Nazca ya no volvió a ser el mismo. Miles de ojos se fijaron en él intentando buscar una solución a tan desconcertante enigma. ¿Quién hizo aquellas líneas? ¿Cómo las dibujaron? Y sobre todo ¿por qué? Han sido preguntas cuya respuesta en algunos casos está todavía rodeada de una gran polémica.

El primero que realmente dio cuenta de la existencia de las líneas de Nazca no fue Paul Kosok; siglos antes un cronista español, Pedro de Cieza, ya reflejó en sus escritos las señales que contempló en la Pampa Colorada. El aventurero hispano interpretó aquellas marcas como caminos que atravesaban las agrestes llanuras de la zona, y es que obviamente él no pudo contemplarlas desde el cielo. Ese es precisamente uno de los misterios que envuelve este lugar: la disposición de las gigantescas figuras para ser observadas desde el aire.

Ese es precisamente uno de los misterios que envuelve este lugar: la disposición de las gigantescas figuras para ser observadas desde el aire.

06 Un mundo de arena y barro

Su construcción es obra de la cultura Nazca que floreció en esta zona entre los siglos uno y seis después de Cristo. Los nazcas fueron un pueblo trabajador y guerrero que creó una impresionante red de acuíferos que le permitió regar una buena parte de aquella tierra árida. Las pistas fueron realizadas en este periodo sin que parezca que haya en ningún momento un plan preconcebido en su diseño. Muchas líneas se mezclan unas con otras y el entramado de las mismas resulta caótico en diferentes lugares. Pero sobre todas ellas destacan las enormes figuras de arañas, monos,

Expedición a los **mundos perdidos**

ballenas, manos... cuya función se desconoce con exactitud. El tamaño de las líneas que atraviesan el desierto llega hasta los treinta kilómetros, lo cual nos da una idea del trabajo descomunal que supuso su construcción. Mientras que las figuras zoomorfas y antropomorfas no suelen tener más de unos ciento cincuenta metros, su trazado mucho más complejo que el del resto de líneas plantea también un buen número de incógnitas, sobre todo en su construcción.

La matemática alemana María Reiche ha sido sin duda el personaje que más luz ha arrojado sobre este complejo enigma. La teoría que propuso sobre la función y el significado de las pistas era que éstas constituían un complejo calendario. Para esta investigadora, los nazcas tenían conocimiento de determinados fenómenos cíclicos, como los solsticios o los equinoccios, y mediante las líneas fueron capaces de medirlos. También servirían estas figuras para observar determinados cuerpos celestes como estrellas o constelaciones. Nazca sería, pues, desde este punto de vista, el mayor observatorio astronómico que jamás el hombre haya construido. Muy posiblemente parte de razón no le falte a esta tenaz investigadora, que falleció en 1.998 justo al pie del lugar al que consagró cincuenta años de su vida.

Por su parte, el investigador Toribio Mejía defendió que las líneas eran senderos sagrados por los que los antiguos nazcas realizaban peregrinaciones, siguiendo rituales parecidos a los que en la actualidad escenifican algunos pueblos andinos. Es muy posible por tanto

Nazca sería, pues, el mayor observatorio astronómico que jamás el hombre haya construido.

que las pistas hayan tenido de un lado una función astronómica y de otro ritual, exactamente igual que otros monumentos prehistóricos repartidos a lo largo del planeta. Las enormes figuras serían desde esta óptica los restos de primitivas ceremonias donde el hombre entraba en comunión con las estrellas. Los mismos astros que todas las noches decoran nuestros sueños.

Sobrevolar esta zona en las destartaladas avionetas que salen cada media hora desde un pequeño aeropuerto que hay a pocos kilómetros es la única forma real de comprender su misterio. Desde el aire las líneas se pierden en el horizonte y su complejidad es de la misma manera infinita. Poco ha quedado de los nazcas salvo estas impresionantes figuras y algunas vasijas funerarias que pueden verse en el Museo de Arqueología de Lima. Además desde esa posición privilegiada es fácil comprender cómo realmente parte de su función era puramente astronómica. No en vano el primero en verlas, Paul Kosok, tuvo la suerte de contemplarlas en un solsticio

de verano comprobando cómo uno de los pájaros dibujados en la arena se alineaba de manera perfecta con el punto en el que se iba el sol. Los nazcas descubrieron que los astros se mueven de forma cíclica y de esta manera se lo demostraron a todos aquellos que más tarde intentaran comprender su obra.

Su construcción fue sin duda muy compleja y llevó siglos, sin embargo, la manera de hacer los surcos que ahora veo era realmente sencilla. Bastaba con quitar una capa de treinta centímetros de la arena del desierto, sacando a la luz la tierra más blanca que había debajo. La de arriba es muy roja debido a la oxidación y a su alto contenido en hierro. Posiblemente se utilizaron agua y morteros para compactar las cicatrices que se le hicieron a la tierra pero nadie ha podido demostrarlo. El caso es que estos hombres con una cultura muy simple nos dejaron uno de los más hermosos legados que hay en el planeta, signo de un mundo perdido que comprendió como nadie el sentido de las estrellas.

07
Los últimos hombres libres

Todavía no se por qué me atrapó desde la primera vez que lo vi. Su fascinación la achaco a sus interminables paisajes yermos donde cualquier atisbo de vida parece un milagro. Tan duro es allí subsistir que sólo los renegados se asentaron en él desde hace miles de años. Diferentes tribus de curtidos guerreros que no tenían amor a ninguna patria y que siempre llevaron su eterna libertad por bandera. La sencillez de su gente que, no teniendo nada, lo poseen todo, ya que son dueños de su destino. Así es y así es como siento el Sahara, la mayor extensión de desierto del planeta, con 9 millones de kilómetros cuadrados.

07 Los últimos hombres libres

Hace más de dos mil años que las legiones romanas llegaron al norte de África y allí se toparon con una resistencia que jamás habían imaginado. Diferentes pueblos ribereños del Mediterráneo se adentraron hacia el sur para asentarse en un inexpugnable desierto. Viendo la tierra muerta a la que habían migrado, los romanos establecieron sus fronteras en el borde del Sahara y llamaron a todos los pueblos del sur berber, que significa bárbaro. Sin embargo, estas personas se denominan a sí mismas "*amazigh*", que significa literalmente "hombre libre". Y a fe, que siempre fueron y han sido libres.

No recuerdo cuántas veces he caminado por su fina arena, ni cuántas me ha quemado el rostro su mortífero sol. Pero hubo una ocasión en la que gracias a su gente comprendí su esencia. Fue en una expedición al sur de Argelia, después de varios días deambulando con una caravana de vehículos todo terreno con los que iba a visitar diferentes oasis y santuarios rupestres, nos detuvimos en un *wadi*, el cauce seco de un río, donde existía un pozo al que los tuaregs llevaban sus camellos para que bebieran agua. Allí nos sentamos a la sombra de un árbol, compartiendo espacio, experiencias y vida con un diminuto grupo de nómadas. Su patriarca se llamaba Bahani. Tenía artrosis en las manos, pero no se quejaba por el dolor. Nos ofreció té, agua y algo de comida sin pedir nada a cambio. Junto con mis dos compañeros de aventura, los cámaras de televisión

Expedición a los **mundos perdidos**

Marcos Macarro y Raúl Álvarez, decidimos ir a por nuestro botiquín y darle crema antiinflamatoria que le reparase en lo posible una enfermedad que ya arrastraría hasta el último de sus días. Agradecido, Bahani me llevó hasta su choza, una casita hecha de palo y ramas secas que sería abandonada a los pocos días, en cuanto él y su familia siguieran su periplo. Nos ofreció lo poco que tenía, y he de decir que jamás he visto a nadie ser tan feliz con tan poco. Pues poseía el mayor de los tesoros, uno que no puede cuantificarse con dinero: libertad. Y fue aquella tarde con él, que entendí mi fascinación por el Sahara. Pues, mirándome a los ojos, Bahani me dijo una frase que desde entonces siempre me acompañará: *"La casa es la tumba del que vive"*.

Él no tenía un hogar como el nuestro y a la vez poseía el hogar más grande del mundo: la tierra en sí misma. En este caso su tierra, el Sahara, un hermoso a la vez que traicionero desierto que comienza en el Atlántico y termina en el Mar Rojo. Ocres montañas, valles manchados de gris, extensos parajes de dunas moldeadas por un viento caprichoso... Una tierra yerma paradójicamente llena de vida, habitada por altivos guerreros que continúan siendo libres en este absurdo siglo XXI; un fastuoso mar de arena y rocas coronado todas las noches por la luz misteriosa de un cielo preñado de estrellas.

Los secretos del Sahara

Es uno de los mayores espectáculos que un ojo humano puede contemplar, adentrarse en las dunas del desierto para observar la puesta de sol. Tonos ocres parecen derramarse desde el cielo impregnando todo cuanto te rodea, mientras el horizonte queda pintado por el color marrón claro de la arena. Es bello y macabro a la vez, cómo la ausencia de vida puede crear un cuadro tan maravilloso. El Sahara, palabra de origen bereber que significa "tierra dura", es un lugar insólito lleno de contrastes. La superficie resulta desoladora por la ausencia de agua y sin embargo entre 300 y 1.200 metros de profundidad se encuentra el mar de Albienne, el mayor

lago subterráneo del mundo con una extensión de 600.000 Kilómetros cuadrados, que tiene en la actualidad potencial como para cambiar su árida superficie y convertirla en un vergel, tal y como era hace ocho mil años, un sitio montañoso repleto de una exuberante vegetación y una no menos fabulosa fauna.

Así podemos contemplar hoy en día en el macizo de Acacus, entre las fronteras de Libia y Argelia, multitud de inscripciones que nos describen aquel pasado, que no por remoto deja de ser cierto. Tal y como comentara Paulo Suetonio, *"hombres, mujeres, animales, olas, embarcaciones, nos hablan desde la roca de un mundo hasta ayer insospechado"*. Mucho se ha especulado acerca del grado de desarrollo que alcanzaron las primitivas cul-

07 Los últimos hombres libres

> En pleno desierto líbico han aflorado tras las excavaciones algo más de trescientas pequeñas pirámides y una red de canales para el riego que supera los cinco mil kilómetros de longitud.

turas saharianas, y hasta hace muy pocos antropólogos e historiadores pensaban que las civilizaciones que allí se dieron cita no pasaron de ser meras tribus seminómadas de escasos o nulos conocimientos técnicos. Sin embargo, los descubrimientos que día a día surgen de entre las ardientes arenas nos muestran una realidad muy diferente. Recientemente un grupo internacional de arqueólogos ha sacado a la luz un buen número de evidencias que nos ponen de manifiesto un pasado desconcertante. En pleno desierto líbico han aflorado tras las excavaciones algo más de trescientas pequeñas pirámides y una red de canales para el riego que supera los cinco mil kilómetros de longitud. Así, los habitantes de la desolada zona aprovechaban las aguas subterráneas para la agricultura, obteniendo de esta manera espléndidas cosechas.

Pero el Sahara fue siempre un lugar plagado de misterios no sólo para los historiadores, sino también para las diferentes culturas mediterráneas que pasaron por él. Los griegos situaron allí varios episodios de su mitología y eruditos romanos, como es el caso de Pomponio Mela, describieron en sus escritos encuentros con seres fabulosos a los que denominó *blemyes*. Según las crónicas de la época, tales monstruos no tenían cabeza, aunque algunos arqueólogos modernos como Henri Lothe explican estas descripciones por la impresión que supuso el encuentro con hombres que portaban velo, lo que impedía ver sus rostros.

Aun así, en las pinturas rupestres que se encuentran diseminadas por el norte de África aparecen en muchas ocasiones representaciones de hombres, e incluso guerreros, que carecen de cabeza. La lógica nos induce a pensar obviamente que tal extremo no es más que un absurdo. Sin embargo el riquísimo folclore de la zona describe no sólo seres de este tipo, sino otros todavía más extraños. La *aisha kandisha*, una hermosa mujer de largos cabellos y pezuñas de cabra que seduce a los hombres para comérselos. La *thamza*, una anciana pordiosera que se alimenta de la sangre de los niños. El *erian*, patriarca del mundo de los genios, tocado con una larga y espesa barba blanca y de gran altura. Todo un zoológico de seres imposibles que haría volar la imaginación del mejor de los novelistas.

07 Los últimos hombres libres

Expedición a los **mundos perdidos**

Nuestro vecino desierto ha sido en definitiva desde hace siglos la meta de bohemios, soñadores, aventureros y eruditos que buscaron en él saberes perdidos. El caso es que casi todos los que iniciaron este insólito camino volvieron siempre con historias fantásticas que seguían alimentando las leyendas que se dan cita en esta tierra de leyenda. Este fue el caso del monje italiano Giovan Battista Belzoni que describió, a principios del siglo XIX, un pozo cercano a la aldea egipcia de Cassar que daba agua fresca por el día y caliente por la noche. Y es que parece que todo lo imposible se da cita en las tórridas arenas norteafricanas.

El enigma bereber

Marrakech embruja como una bella mujer desnuda envuelta en una túnica de seda. Es fácil perderse en sus callejuelas con olor a rosas, entre las impertinentes voces de sus vendedores ambulantes o en su maraña de cafés construidos hace más de un siglo. Marrakech es hermosa pero salvaje. Tras su fachada multicolor, tejida para hipnotizar a los turistas, pervive todavía el espíritu nómada de sus constructores. Es un pecado imperdonable visitar su alcazaba sin detenerse varias horas en la tumultuosa plaza de Yamaa el Fna. Arropado por encantadores de serpientes, puestos de sacamuelas, titiriteros acompañados por sus monos o escuálidos tenderetes con las más variopintas mercancías, se puede palpar el auténtico sabor del norte de África.

Expedición a los **mundos perdidos**

El nombre bereber de esta explanada, atiborrada hoy de turistas, era el de "plaza de la aniquilación", pues en ella los jueces mandaban cortar las cabezas de los ladrones o de cualquiera que desafiara la ley. Los rostros putrefactos de los maleantes daban antaño la bienvenida a los extranjeros, recordándoles que se encontraban en una tierra sin fronteras aunque con leyes.

Marrakech fue construida en el siglo XI por los almorávides, tribus bereberes cuyo ejército estaba compuesto por monjes soldado. Éstos penetraron en la Península Ibérica y expandieron su imperio hasta las selvas centro africanas. Marrakech era un lugar estratégico, pues suponía el primer gran oasis con el que se encontraban las caravanas que venían de junglas casi inexploradas. Desde allí traían oro, marfil, esclavos y todo tipo de mercancías. La Perla del Sur, como muchos la siguen llamando, era la ciudad en que se encontraba lo exótico con lo civilizado. Mil años más tarde su espíritu sigue intacto, pues sus calles y plazas rebosan exotismo y lo civilizado lo ponen aparentemente los curiosos occidentales que se siguen enamorandos de ella.

07 Los últimos hombres libres

Marrakech es un buen sitio para entender lo bereber y desde aquí merece la pena que profundicemos un poco más sobre la historia y el origen de este pueblo que atesora una cultura llena de enigmas. Si tomamos en nuestras manos cualquier manual de antropología, o incluso algunas prestigiosas enciclopedias como la Encarta, podemos observar al buscar el término bereber que suelen comenzar de la siguiente forma: *"Pueblo de origen desconocido"*. Pero ¿por qué la historiografía moderna no ha sido capaz de determinar todavía quiénes son los ancestros de estas tribus? Por una razón muy sencilla: los estudios genéticos realizados a este pueblo jamás pudieron determinar su origen.

Hay muchos bereberes rubios con los ojos azules, así como pelirrojos y castaños; su piel se curte de color oscuro debido al terrible sol sahariano, pero al nacer su carne está pintada de un blanco lechoso. Para explicar esta anomalía dentro del contexto africano, se ha recurrido a varias explicaciones. Por ejemplo, son muchos los antropólogos que piensan que el origen de estas tribus es una invasión vándala. Y es cierto que algunos pueblos centroeuropeos tomaron varias ciudades del norte de África, donde vivieron hasta la invasión musulmana. Pero, ¿qué ocurre entonces con los tuareg, que han estado aislados durante miles de años y presentan las mismas anomalías?

Es hoy día incuestionable el desconocimiento por parte de la historia de estas tribus hasta su arabización (siglo VII). Fue en esta época cuando tuvo lugar un gran mestizaje entre las etnias venidas de oriente y las que ya existían en el Magreb (palabra que proviene de *al-magrib*, que significa "el occidente"). La mezcla en aquel tiempo fue casi total y los bereberes abrazaron el Islam, aunque sin renunciar a sus tradiciones.

Haber constituido durante milenios una sociedad de frontera ha traído consigo que sea muy difícil establecer un patrón genético del bereber, y es por ello por lo que al utilizar este término se denomina a cualquiera cuya lengua materna sea el tamazigh. Ha sido estudiando el idioma y algo más de 500 inscripciones del tifinagh (antiguo alfabeto bereber), como se ha podido reconstruir la zona de originaria influencia amazigh. Gracias a esto sabemos que poblaron el Sahara cuando éste era un vergel, hace al menos 12.000 años, ocupando una extensión de 5 millones de kilómetros cuadrados. Podemos encontrar inscripciones en tifinagh desde el Sinaí hasta la islas Canarias, pasando por Stromboli e incluso en las orillas del río Volta en pleno corazón de Burkina Faso. Todos estos textos no hacen más que confirmarnos la hegemonía bereber en el norte de África durante milenios, pero nos dejan la gran incógnita de su datación, que es imposible debido a que están plasmadas sobre piedra pintadas en la mayoría de ocasiones con materiales

inorgánicos. Además, todos estos estudios adolecen de un grave defecto desde su base, y es que utilizan el tamazigh para acotar el territorio bereber, pero todavía desconocemos cuál es el origen de esta lengua, imposible de emparentar con cualquier otra de las que actualmente existen.

Más evocadora es aún la historia de este pueblo si nos sumergimos en el mundo de las leyendas. Los primeros en investigar el origen de este misterioso pueblo fueron los griegos, concretamente Herodoto, para quien los bereberes eran hijos directos de Poseidón, el rey de la Atlántida. Por el contrario, otros filósofos helenos como Hesiodo apuntaron que estas tribus estaban compuestas por los "hijos de la noche". La fascinación que los griegos tuvieron por conocer estas etnias viene de su propia mitología, ya que buena parte de los episodios que tienen lugar en ella ocurren en pleno corazón del territorio amazigh. Pero no sólo la filosofía clásica emparenta a los dioses y gigantes con las tribus norteafricanas, mucho más reciente es el estudio del sabio tunecino Ibn Jaldún que dice: *"Los bereberes son hijos de Canaán, hijo de Cam, hijo de Noé... El rey entre ellos tiene el titulo de Yalut (Goliat)"*. Existen algo más de trescientas tribus amazigh diseminadas por el norte de África, las cuales componen diferentes etnias. Aunque sin duda la más fotografiada de todas ellas, la más estudiada y la más misteriosa, es la de los tuareg.

Los abandonados de Dios

Los tuareg, más conocidos en occidente como "los hombres azules", son sin duda una de las tribus más míticas de toda África. El insólito color de su piel se lo debe a que las largas túnicas con las que van vestidos están teñidas de índigo, un colorante vegetal que se va disolviendo con las altas temperaturas a la vez que impregna su dermis. Esto reduce al mínimo la sudoración, con lo que la pérdida de líquidos es casi nula. Un método muy efectivo para sobrevivir en unas condiciones extremas, aunque en la actualidad apenas se utiliza.

07 Los últimos hombres libres

Sobre el origen de su nombre los historiadores no se ponen de acuerdo y son dos las teorías que pugnan por explicar la formación del vocablo tuareg. Para unos esta palabra proviene del término árabe *targa*, que significa "jardín", y cierto es que la zona donde hoy habitan estos nómadas fue antaño un frondoso bosque como puede comprobarse en las pinturas rupestres del Tassili. De otro lado están los que ven su origen en el siglo VIII, cuando una invasión de guerreros provenientes de Marruecos, los chorfa, se adentró en el desierto argelino para islamizar a las tribus de infieles que habitaban la zona. Pero su éxito fue parcial pues, aunque se convirtieron al Islam, jamás abandonaron sus antiguas tradiciones animistas, fuertemente arraigadas en sus usos cotidianos. Por ello los denominaron *tawarek*, que significa "los abandonados de Dios"; así por ejemplo las mujeres tuareg no utilizan velo y no dudan en acudir hasta el taleb, el hechicero de la tribu, para pedir consejo. Desde entonces este pueblo rebelde se convirtió en proscrito y no paró de guerrear durante toda la Edad Media con sus vecinos.

Temidos, respetados y a la vez odiados, se convirtieron en la llave para atravesar buena parte del desierto. Pedían tributos a las caravanas saqueando aquellas que se negaban a pagar impuestos, no importándoles en absoluto la religión que procesaban los mercaderes. En sus incursiones llegaron hasta el corazón del África negra, comerciando con esclavos, oro y marfil con otros pueblos de la

ribera mediterránea. Sus vecinos siempre se desconcertaron ante su comportamiento, puesto que cuando ofrecían hospitalidad eran capaces incluso de dar su vida, y por el contrario en la guerra eran crueles y sanguinarios hasta el extremo. Así, desde 1.850 hasta 1.917 las tropas francesas lucharon contra ellos consiguiendo al fin doblegarlos, pero incluso cautivos ni uno solo de ellos colaboró con el invasor pues antes preferían la muerte. Respecto a su nombre,  para ellos el vocablo tuareg siempre supuso un insulto y se denominan entre sí *imosagh*, palabra enigmática cuyo significado se ha perdido para siempre en la noche de los tiempos. Y sí alguno de sus *taleb*, encargados también de preservar las tradiciones, lo conoce, jamás se lo ha dicho a ningún occidental.

En la actualidad apenas quedan unos trescientos mil diseminados por un territorio de un millón y medio de kilómetros cuadrados. Se dedican al pastoreo y quedan muy pocas tribus realmente nómadas. En sus periplos anuales en busca de pasto pueden llegar a superar los 1.500 kilómetros de travesía, entre Argelia, Niger, Mauritania y Mali. Se orientan para tales menesteres exclusivamente por las estrellas, que no sólo los guían en el duro camino, sino que los llevan hasta los pozos de agua que ellos únicamente conocen. En resumen, una vida de otros tiempos que hoy en día está a punto de desaparecer.

07 Los últimos hombres libres

Según sus ancestrales tradiciones, son los descendientes de la princesa Tin Hinan y de su hermana Takamat, que se establecieron en los Hoggar, una región del sur de Argelia, hace milenios.

Según sus ancestrales tradiciones, son los descendientes de la princesa Tin Hinan y de su hermana Takamat, que se establecieron en los Hoggar, una región del sur de Argelia, hace milenios. El caso es que en 1.926 el conde Byron Kûhn de Protok descubrió la tumba de la famosa princesa Tin Hinan. El enterramiento no sólo albergaba el esqueleto de una mujer muy alta, sino que además se encontró en él gran cantidad de oro y piedras preciosas. Sus descendientes directos son hoy en día los miembros de la confederación de tribus Kel-Azjer, que continua habitando en los montes argelinos del Hoggar. Sobre la procedencia de esta mítica princesa nada sabemos, tan sólo la tradición, que aunque nos parezca increíble la señala como la última reina de los atlantes.

Pero si múltiples misterios encierra el origen de los hombres azules, no menos la zona que habitan, considerada santuario por

230

Expedición a los mundos perdidos

más de veinte culturas diferentes que la visitaron durante miles de años. En algunos de los abrigos de Tassili, donde se encuentra la denominada capilla sixtina de la pintura rupestre con algo más de veinte mil dibujos, podemos ver auténticos lugares de culto inmemoriales.

Uno de los problemas con los que se toparon los primeros arqueólogos que llegaron hasta allí, era que en algunos de los abrigos hasta diez culturas distintas habían dejado plasmado parte de sus ritos, dibujando incluso encima de las representaciones que había antes. Jamás en ningún otro lugar de la Tierra se ha encontrado nada semejante. Además, lo más fascinante es que no sabemos todavía "por qué" aquellas cavernas atraían gente que vivían a miles de kilómetros, ni "qué" buscaron allí estos primeros peregrinos de la historia. Asimismo, desconocemos el mecanismo por el que gente de tan lejanas tierras se enteraba de la existencia de este lugar santuario. Entre otras curiosidades, los no menos míticos Masai atravesaron el desierto hasta aquel lugar para dejar allí algunos dibujos, tal y como confirma la existencia de pinturas de estilo negroide donde los danzantes llevan el pelo rojo, de la misma forma que hoy lo hacen estos legendarios guerreros. Recorrer el Tassili y enfrentarme a sus misterios era uno de los sueños que tuve hace muchos años, una expedición que me marcó de por vida y que un poco más tarde les contaré, aunque antes quiero que conozcan un poco más la magia que rodea a los míticos "hombres azules" y los signos inmemoriales que les acompañan.

07 Los últimos hombres libres

El pueblo mágico

Todas las facetas de la vida familiar o social de los tuareg están guiadas por tradiciones ancestrales. Lo más chocante de todas ellas es que son un grupo con un remarcado carácter matriarcal y el parentesco se transmite únicamente por vía materna. El rol del padre es el de salvaguardar la seguridad de la familia y aumentar el ganado, pero cuando muere la madre el grupo se disgrega y todos los hijos se someten a la tutela del hermano de la difunta. De igual forma el tío puede quedarse con la custodia de los niños cuando considere que su cuñado los maltrata, sin que el padre pueda negárselo.

Sus tradiciones son muy rectas: un marido tiene derecho a matar al que sorprenda con su mujer, los niños serán presentados en familia siempre al séptimo día de su nacimiento y serán circuncidados al séptimo año de vida. A la hora de la muerte tan sólo las mujeres

> ...son un grupo con un remarcado carácter matriarcal y el parentesco se transmite únicamente por vía materna.

Expedición a los mundos perdidos

mayores tocarán el cadáver del difunto para envolverlo en paños de algodón y la esposa del desaparecido jamás podrá visitar la tumba del que fue su compañero. Extrañas costumbres que forjan la manera de sentir de un pueblo insólito marcado por la tradición. Otra cuestión importante son los amuletos en forma de anillo o como medallones. El *taralabt* por ejemplo es una pieza de joyería que se lleva en el cuello, generalmente tallada en plata, y que los defiende del mal de ojo. Debe ser tallado por un artesano que pertenezca a una tribu noble y jamás uno de sus esclavos negros, los *bella*, podrá intervenir en la manufactura de esta pieza. Sin embargo, la elaboración de los amuletos de cuero se hace exclusivamente por los *gargasa*, hechiceros de color que habitan en las tribus de sus sirvientes, exentos de cualquier trabajo, pues también poseen el secreto de la magia y podrían convertirse por tanto en poderosos enemigos.

Para los tuareg el desierto está lleno de seres invisibles y de energías sutiles de las que hay que protegerse. Así, su velo no les sirve tan sólo para impedir el paso de la molesta arena que levanta

07 Los últimos hombres libres

la brisa, sino también de los malos espíritus, por ello no suelen quitárselo. De esta forma todo en su vida cotidiana forma parte de un estudiado ritual que no enfada a los demonios. Por eso celebran varias veces al día la ceremonia del té verde, primero amargo y al final muy dulce, como todo lo que se quiere alcanzar en la vida, cuesta esfuerzo al principio pero la recompensa merecerá la pena.

Varios son los tipos de amuletos que llevan, algunos tan extraños como puede resultar una cabeza seca de varano, que según sus chamanes les protege de las picaduras de escorpiones y serpientes. Otros, como el *talhakim*, compuesto simplemente de una arandela con una pequeña punta de flecha señalando el suelo que les otorga la fertilidad. Pero de entre todos ellos el más misterioso y estudiado con diferencia es el *egrou*, conocido en Europa como la "cruz de Agadés", y que ha entrado a formar parte de la simbología militar francesa e incluso a ocupar un lugar destacado en los altares de varios grupos de iniciados. Tan sólo lo llevaban originariamente los miembros de la confederación Kel-Azjer, como relataba antes los más puros de entre los tuareg. Tal y como comenta el arqueólogo Raymond Mauny, *"no existe ningún parecido entre la cruz de Agadés y los antiguos amuletos mediterráneos o centro africanos conocidos, ni tampoco similitud con la simbología de los países limítrofes"*. Pero no sólo su origen es un enigma, también lo es su significado, ya que ni los mismos tuareg saben comentar nada acerca de él. Para algunos eruditos no es más que un amuleto de fertilidad, para otros una llave al más allá como ocurre con el *anj* egipcio, y puestos a dar soluciones no hay quien se resiste a afirmar que representa al planeta Venus, adorado hace miles de años en las tierras del norte de África. El *egrou* es el símbolo de los tuaregs, cada día más vendido en occidente, pues aunque nadie haya podido explicar su significado concreto, sí que está claro qué es lo que representa: a miles de hombres que siempre han sido libres.

Otro punto importante dentro de este mundo mágico que rodea a los tuareg, y en este caso también al resto de tribus bereberes, es la existencia de los *yenún* o demonios que habitan en el desierto. En la sura número cuatro del Corán se relata con detalle cómo Dios, *demiurgo* de todas las cosas, dio vida a unos extraños personajes. Utilizó para ello un fuego sagrado tan puro que ni siquiera provocaba humo. Pero tanta prisa se dio que descuidó su aspecto, siendo algunos de estos seres grotescos. Además, en un imperdonable error los dotó de pies de burro o de cabra, entre otros desaguisados, haciendo que su apariencia fuera todavía, si cabe, más desagradable. No es ésta la única referencia que aparece en el libro sagrado musulmán a cerca de los *djin*, *djenoumno yenún*, nombres que se utilizan para denominar a un mismo tipo de entidades. También en la sura número dieciocho se comenta que Satán y el resto de los demonios son hijos de estos "descuidos de Dios". Los *yenún* odian por naturaleza al hombre, ya que ellos estaban en la tierra antes que nosotros, además al considerarnos la obra perfecta del creador no pierden oportunidad para torcer nuestra existencia en todo lo posible.

Las referencias en el Corán a este tipo de entidades es, como vemos, amplia y detallada, pero antes de pertenecer al mundo islámico fueron parte esencial dentro de la religión bereber. Los antiguos habitantes del Sahara afirman que

> *El egrou es el símbolo de los tuaregs, cada día más vendido en occidente, pues aunque nadie haya podido explicar su significado concreto, sí que está claro qué es lo que representa: a miles de hombres que siempre han sido libres.*

los *yenún* vivían en algunas montañas del Atlas marroquí. Describen en sus leyendas, con todo detalle, cómo eran estos seres y comentan que les otorgaban ofrendas, no para pedir algún favor de ellos sino para que "éstos no les hicieran daño". Acechan a los hombres a cualquier hora del día pero sólo se les puede ver por la noche. Hay que estar siempre alerta para que no te sorprendan, pero debemos tener especial cuidado cuando hay una embarazada en la casa, porque lo que más les gusta es secuestrar a los recién nacidos. Su comportamiento varía debido a que hay *yenún* de los más diversos tipos, aunque en determinados lugares pueden ser muy agresivos. Este es el caso de la región de la laguna de Thanda Hawa en el Atlas, donde habitan los vampiros *akiriko*, cuyo pasatiempo principal es chupar la sangre de animales y personas. Su destreza para aniquilar a las víctimas es tal que ni siquiera precisan echarse encima de ellas para desangrarlas, sino que pueden hacerlo a distancia.

Por desgracia, el mundo mágico de los tuaregs y de las tribus bereberes es un mundo en extinción, recopilado en tratados de antropología, pues los más jóvenes ya no rememoran las leyendas de sus antepasados. Como les comentaba al principio de este capítulo, no recuerdo cuántas veces he estado en el Sahara y por

suerte o por desgracia jamás me topé con un *yenún*, aunque sobre mi cuerpo, ahora mientras escribo estas líneas, sí que llevo amuletos tuaregs. En concreto un anillo de Tombuctú que compré a un artesano sobre el dedo anular de mi mano derecha. En su plata hay dibujados motivos de la mezquita del mismo lugar, que supuestamente me protegen de todos los males. No puedo asegurarles que sea efectivo, aunque después de tantos años es ya casi parte de mí, pues me recuerda día a día que en el mundo habitan seres y energías que escapan de mi entendimiento. Ya sé que no puedo demostrarlo, pero no tengo otra forma de explicar o de entender la maldad injustificada que he visto a lo largo del planeta. O la bondad inesperada con la que me he encontrado en lugares llenos de violencia y miseria. Cada uno tenemos derecho a escoger nuestra forma de vida. A creer o descreer en lo invisible que nos rodea. Y es que, como dicen muchos, ese es el verdadero poder del mal: convencer a los hombres de su no existencia. Lo único que puedo afirmar es que ese tipo de amuletos y de símbolos los he visto en hombres cuyo linaje ha sido libre miles de años. Yo sólo dispongo de una vida y créanme que quiero disfrutarla libre.

07 Los últimos hombres libres

Rumbo a los enigmas del Sahara

Argelia se portó conmigo como una amante díscola. Nuestro comienzo fue de odio y recelo, para terminar enamorándonos hasta la sinrazón. Por cuestiones de trabajo llegué a Argelia en el mes de junio, una fecha más que desaconsejada para enfrentarse al punzante sol del Sahara. También desaconsejaba ir al Ministerio de Asuntos Exteriores, pues las escaramuzas de células de Al Qaeda en el sur del país lo habían convertido en un lugar vedado al turismo. Si todas las circunstancias desaconsejaban el viaje, había que ir. ¡Qué es, si no, la aventura!

Mi llegada a la ciudad de Argel estuvo envuelta en el más absoluto de los caos. Para empezar, todo nuestro equipaje se extravió y acabó en París. Los funcionarios de aduanas, por su parte, nos requisaron todo el material de filmación, pues según su criterio no les servían los documentos que nos habían expedido en la embajada.

Expedición a los **mundos perdidos**

Las siguientes veinticuatro horas las pasé de reclamación en reclamación y de ministerio en ministerio, hasta que por fin recuperé parte del equipaje y obtuve los permisos necesarios para filmar en el sur del país. Por todos estos motivos salí un día tarde hacia la diminuta ciudad de Djanet, un oasis rodeado por miles de kilómetros de desierto. No esperaba pues que los integrantes de mi expedición estuvieran esperándome, era demasiado tiempo. El aeropuerto de Djanet dudo mucho que sea más grande que el salón de mi casa. Cuando llegamos no encontramos a nadie, salvo un tuareg que había tirado en el suelo. Cubierta su cabeza por un *shes*, un pañuelo de más de tres metros de largo que le protegía del sol, miraba impasible nuestra cara de extranjeros. *"¿Monsieur Vallejo?"*, me preguntó; *"Oui"*, le respondí yo. Poco más hablé con él, sencillamente cogió

07 Los últimos hombres libres

Expedición a los **mundos perdidos**

07 Los últimos hombres libres

una de nuestras mochilas y salió del aeropuerto. Llevaba un día esperándome y no me preguntó ni me reprochó nada. Nos subimos con él en un vehículo cuatro por cuatro digno de un museo de la nostalgia, por supuesto sin aire acondicionado, y nos internamos en el desierto.

Calculo que tardamos una hora en llegar hasta donde estaba su campamento. Allí había otros dos vehículos más, tan destartalados o más que el que nos había recogido, y un grupo de tuareg que descansaba sobre la arena. Por fin conocimos al que sería el guía de nuestra primera parte de la expedición, Mohamed Bediaf. Sentados al lado de una hoguera, tomando té amargo, planificamos nuestra ruta hasta que aparecieron los primeros rayos de sol. No recuerdo un amanecer así en mi vida, ni creo que jamás tenga la suerte de contemplar algo semejante. Sin apenas haberme percatado de lo que estaba haciendo, me encontraba de repente en pleno corazón del Sahara. El mar de dunas se perdía en el horizonte. Caminando por la arena se podía ver cómo los escarabajos y otros insectos buscaban resguardo del criminal sol que conoceríamos en la próxima hora. Y desde allí, borrachos de belleza y con ansia de aventura, partimos hasta la ciudad de Djanet.

El oasis de Djanet me pareció triste. En él viven los tuaregs que han abandonado su vida nómada por las imposiciones del gobierno argelino. Los políticos de este país temen que haya movimientos separatistas similares a los que han acontecido en su vecino Mali. De esta manera promulga leyes para que los nómadas abandonen su forma de vida y se asienten en poblaciones estables donde pueden ser controlados. Allí firmamos otro montón de documentos y recogimos al arqueólogo que nos acompañaría en toda nuestra expedición. Para darnos una ducha tuvieron que abrirnos un hotel, pues los pocos que había en la ciudad estaban cerrados. Y con la certeza de ser los únicos extranjeros que había en toda la región, partimos desde el presente con rumbo a un remoto y misterioso pasado.

Los siguientes días los pasé visitando diferentes poblados tuaregs donde palpé la realidad tribal y humana de este pueblo. Todos los hombres que nacen en la zona son escarificados de niños, llevando, a manera de tatuaje marcado con sangre y para toda la vida, la etnia a la que pertenecen. Las diferencias físicas de una tribu a otra son muy ostensibles, fruto de su endogamia. No tengo palabras para definir su hospitalidad. Si llegábamos a un poblado y alguien nos daba cobijo, los integrantes de la familia nos acompañaban hasta el final de su territorio, como marcan sus costumbres desde hace milenios. Aunque son musulmanes, continúan con sus

ritos animistas y es fácil ver cráneos de asnos cerca de las casas para ahuyentar los malos espíritus. La expedición me llevó hasta lugares rocosos con espectaculares grabados que dibujan el Sahara cuando éste era un vergel hace miles de años, como los que pude ver en Tin Taghirt. Y hablando con mis guías tuve constancia de que aún quedan otros muchos que la arqueología todavía no ha catalogado ni registrado, aunque esto lo dejo para otro viaje.

Mi destino principal esos días era poder filmar y fotografiar gigantescos círculos hechos con piedras sobre la arena de tal tamaño que pueden verse desde varios kilómetros de distancia. No hay una explicación clara sobre cuál es su significado. Para los arqueólogos son la reminiscencia de antiguos cultos solares, para los tuaregs las tumbas de sus antepasados. Cuando lo dicen parece que quisieran emparentar su linaje con el de antiguos dioses cuyo nombre se ha perdido por el paso de los siglos. Aquellos días descubrí un Sahara ignoto, todo un mundo de incógnitas aún por descubrir que no sé si algún día conoceremos, pues los peligros de la zona hacen que sean muy pocos los que se internan en ella.

Dioses de otros mundos

Después de una semana de viaje, por fin acampamos en las faldas del mítico monte Tafililet, donde se encuentra el camino de subida hasta la meseta montañosa del Tassili. El mismo que subió el arqueólogo francés Henry Lhote a mediados de la década de los cincuenta del siglo pasado, para mostrarle al mundo que allí se había dibujado un pasado desconcertante e inexplicado. Un universo de extraños seres de cabeza redondeada que, ingrávidos, miran impasibles al viajero. Aquella noche matamos un cordero que serviría de cena para todos los integrantes de la expedición. Para subir al Tassili abandonaríamos a los que habían sido nuestros compañeros hasta ese momento y a partir de ahora tendríamos que avanzar con la ayuda de unos muleros y una cordada de asnos. Iluminado por el fuego, conocí al que sería nuestro nuevo guía. Para subir hasta el Tassili hay que hacerlo con alguien que haya sido nómada pues perderse arriba puede ser mortal. En la meseta no hay agua ni pozos ni nada que te pueda ayudar en caso de extrema necesidad, lo que íbamos a hacer era realmente internarnos en un auténtico mundo perdido.

Expedición a los **mundos perdidos**

Antes del amanecer comenzamos nuestra ascensión, que tardó algo más de seis horas de duro camino. Arriba lo que encontramos era un paisaje más propio de Marte que de la Tierra. La meseta del Tassili es un laberinto de rocas por el que se perdería el más avezado de los aventureros. Desde nuestra llegada comenzamos a fotografiar y filmar cientos de pinturas rupestres de los más diversos tipos. De todos los colores, de todos los estilos. Se calcula que hay algo más de veinte mil, pero lo extraño no es eso. Lo realmente incompresible es que más de veinte culturas diferentes hayan tomado este remoto lugar como un santuario sin que sepamos por qué. Y todo ello en un proceso que duró miles de años. Adjunto a mi cuaderno de viaje llevaba copias de varias pinturas que mostraba al guía y éste nos llevaba hasta ellas. Muchos de los dibujos hacen referencia a caravanas saharianas, otras a rituales de tribus del África negra. Otras sencillamente no sé cómo explicarlas. Como es el caso del conocido como Dios de la lluvia, un gigante de cabeza cuadrada de la que salen unos cuernos, cuyo tamaño rebasa las nubes pintadas que hay bajo su cintura. Delante de él experimenté uno de los momentos más mágicos de mi vida, pues sin venir a cuento una pequeña nube gris que había sobre nuestras cabezas descargó sobre nosotros un agua pura y refrescante como jamás ha sentido mi piel. Era como si la magia de aquel ser pintado siguiera intacta después de miles de años.

07 Los últimos hombres libres

No sé si aquello fue una premonición. La realidad es que el retraso que llevábamos desde el principio del viaje hizo que tomáramos un atajo para llegar hasta la última etapa de nuestra incursión en la meseta. Y en ese camino apenas transitado fue que descubrí una pintura que jamás se había fotografiado ni catalogado. En ella se ve cómo un extraño ser de cuerpo abombado y enormes ojos es agasajado por otro que se encuentra ante él de rodillas. El parecido de este semidiós con la imagen que tenemos actualmente de los extraterrestres me dejó sin palabras. Lo filmé y lo fotografié desde todos los ángulos posibles. Y hoy, todavía, cuando repaso sus imágenes me sigo intrigando más que el primer día. No podemos saber la antigüedad de esta pintura, quién la hizo, ni por qué, pero nos dejó sin duda en

> *En ella se ve cómo un extraño ser de cuerpo abombado y enormes ojos es agasajado por otro que se encuentra ante él de rodillas. El parecido de este semidiós con la imagen que tenemos actualmente de los extraterrestres me dejó sin palabras.*

Expedición a los **mundos perdidos**

aquel lugar remoto un mensaje que merece la pena ser descifrado. No podía ser de otra forma. La bauticé con el nombre de "el alienígena", pues es eso y no otra cosa lo que realmente parece.

Rememorando todas las maravillas que había vivido, llegué a la última etapa de la expedición, Djabaren, que significa literalmente en lengua tuareg "el valle de los gigantes". Allí se encuentran las pinturas rupestres más grandes del mundo, muy deterioradas hoy en día por la mala praxis de los arqueólogos franceses que casi las destrozan por completo al calcarlas. En un abrigo rocoso pude contemplar uno de los dibujos más polémicos que haya estudiado la arqueología, el conocido como "Gran Dios Marciano". El investigador Henry Lhote la bautizó así porque en realidad es lo que parece, más un astronauta que cualquier otra cosa. Su cabeza se asemeja a un casco e incluso en su centro se atisba un gran ojo o el cristal a través del que podía ver. En su cuello unos pliegues marcan lo que podría ser el ajuste de una escafandra. Represente esta pintura a un ser de otro mundo o no, lo que me quedó claro después de contemplarla y poder comparar con todas las que había visto, es que aquello, fuera lo que fuese, tuvo que tener una gran importancia para los habitantes de aquel lugar hace miles de años. No hay otra forma

07 Los últimos hombres libres

de explicar un tamaño tan descomunal, ya que es el ser antropomorfo dibujado hace miles de años más grande de todo el planeta, y es además bastante probable que se le rindiera culto. Pues todo el abrigo rocoso en el que se encuentra está dedicado a su figura.

Me gustaría decirles que mi expedición al Tassili sirvió para encontrar respuestas a enigmas del pasado, pero la realidad es que regresé a casa con muchas más incógnitas de las que tenía planteadas en un principio. Desde mi punto de vista los seres fantásticos que allí están dibujados representan dioses del pasado, pero lo que no entiendo es cómo tuvieron tanta importancia como para que culturas alejadas en el espacio y en el tiempo fueran a un lugar tan remoto a seguir rindiéndoles culto. Lo que sinceramente opino es que en el Tassili sucedió algo hace miles de años que todavía no entendemos. Algo que impactó a los humanos que allí habitaban, y que éstos plasmaron en sus dibujos aquella realidad desconcertante. Tan desconcertante y misteriosa que hoy nos sigue sorprendiendo.

La bajada del Tassili se hace en

otras seis horas andando. Regresé de aquel lugar con la piel agrietada por el sol y el polvo que tardó varios días en salir gracias a copiosas duchas rebosantes de jabón. Sentado en la terraza de mi hotel en Djanet, contemplé por última vez el hermoso atardecer del Sahara argelino. Y observando sus dunas recordé un proverbio tuareg que resumía perfectamente lo que sentí en aquella expedición: *"Cuando estés solo por la noche en el desierto no digas 'qué silencio', di 'no oigo'"*.

08
Caminando entre las nubes

Selvas donde todavía no ha puesto su pie ni el más avezado de los aventureros. Montañas que antes guardaron con celo fastuosos tesoros. Un gigantesco lago cuyas aguas parieron a míticos dioses. Última morada de la vicuña y el cóndor. País con hermosas ciudades que se visten de blanco para coquetear con el despistado extranjero. Bolivia es polifacética como su orografía y diversa como su gente.

Escondida en lo más profundo de América e injustamente olvidada por el turismo, Bolivia refleja como ningún otro país del nuevo continente el universo de contrastes que los españoles conquistamos hace ya más de cinco siglos. En su suelo pude na-

08 Caminando entre las nubes

vegar a través del azul cristalino del Lago Titicaca o internarme en lo más profundo del bosque tropical del Madidi tras los pasos de especies no catalogadas por la ciencia. Masqué, al igual que el resto de sus habitantes, las famosas hojas de coca, para darnos cuenta de que un reconstituyente así es, como dicen las leyendas, un regalo de dioses para alguien que tenga que caminar a cuatro mil metros de altura. Todo esto, ni más ni menos, es lo que hace bella a Bolivia, una tierra a caballo entre lo exuberante y lo inhóspito donde tomar una simple carretera ya es toda una aventura. Y fue allí, durante un mes de trabajo, donde comprendí su verdadera esencia. Este país es único para que un viajero se sienta explorador, a la vez que se empapa a cada paso con la magia de un mundo prácticamente virgen.

El nido del cóndor

Había salido desde Lima para ir hasta La Paz en un vuelo espectacular que no para de navegar por las nubes. Lo increíble es que más que tomar tierra el avión aterriza sobre el cielo. El aeropuerto de la capital de Bolivia, El Alto, está a cuatro mil cien metros de altura. Es poner un pie sobre la escalera que tienes que bajar para introducirte en la zona de recepción de viajeros y una ligera borra-

Expedición a los **mundos perdidos**

chera hace presa de ti en pocos segundos. Conforme van pasando los minutos la ligera embriaguez se convierte en todo un gran mareo que se denomina en estas tierras *soroche* o mal de altura, debido a la falta de oxígeno. Lo complicado viene después cuando es necesario mover el equipaje, menos mal que este aeropuerto es el paraíso de los maleteros y decenas de muchachos cogen tus bultos sin que seas capaz de decirles más que gracias y dar después un par de dólares de propina. Ellos se mueven como gacelas entre el gentío mientras tú les sigues como puedes, hasta que por fin te subes en un coche destartalado completamente mareado.

Los viejos taxis bajan a toda velocidad por la carretera que une el aeropuerto con la ciudad en un descenso no exento de sobresaltos. Desde ese momento La Paz muestra su verdadero rostro. La luz tiene un brillo cristalino y el aire es siempre fresco. Los indígenas aymaras copan los laterales de la carretera vendiendo todo tipo de baratijas mientras que un exótico caos dirige el pulso de la urbe. El taxi nos dejó en la Avenida Dieciséis de Julio, centro neurálgico de la ciudad, por cuyas cafeterías paseó ajeno a sus crímenes el asesino nazi Klaus Barbie. Conocido como "el carnicero de Lyon", vivió durante décadas aquí gracias en parte a la CIA que lo utilizó como agente doble. Este país fue, y sigue siendo, ideal para todos

aquellos que quieran esconderse del resto del mundo, aunque por suerte ya no vienen a buscar refugio en él legendarios criminales.

Una vez acoplado en el hotel, lo más importante es paliar el mareo del *soroche*. El mejor remedio: tomar aspirinas, té de coca y mascar la hoja sagrada para los pueblos andinos. El *cocktail* puede parecer explosivo, y realmente lo es para los estómagos delicados, pero les puedo asegurar que no hay nada más efectivo.

Caminar por La Paz es como adentrarse en mil mundos extraños. Lo primero que hice fue buscar la Calle Linares, conocida también como el Callejón de los Brujos, donde se venden fetos de llama disecados para rituales. La magia es un sentimiento todavía puro en estas latitudes y el poder de la Pachamama un designio al que se venera y respeta. Ritos que son parte de una cultura ancestral que más que viva permanece en algunos lugares casi intacta.

Expedición a los **mundos perdidos**

Las leyendas que nos hablan de los orígenes de esta urbe tienen el poder de sumergirnos en el tiempo donde los dioses convivían con los hombres. Dicen que un día no muy lejano los demonios blasfemaron a través de su garganta, escupiendo un fuego cruel que incendió las montañas. Si el paraíso se encuentra en el cielo es posible que aquellas llamas chamuscaran incluso las alas de los ángeles, pues el Volcán Illimani, que mira con recelo a la ciudad de La Paz, tiene una altura de seis mil cuatrocientos cincuenta y ocho metros. Hace ya más de un siglo que los demonios callan, pero su inquietante silencio no hace más que dar intriga a su imponente figura, que como la de un gigante entre gigantes, se empeña en ser el más alto de esta zona de los Andes. Cuentan los ancianos de la región que en su interior vivía el espíri-

> ...el Volcán Illimani, que mira con recelo a la ciudad de La Paz, tiene una altura de seis mil cuatrocientos cincuenta y ocho metros.

tu de un titán que, celoso de sus vecinos, esgrimió una onda con la que descabezó las montañas que tenía a la vista. De esta forma su hogar fue el más alto de la  zona. Eran los tiempos en los que los dioses vivían en la Tierra y la verdad que los valles y paisajes que a día de hoy se ven desde La Paz no parecen obra de la naturaleza. Más bien transmiten a ojos del visitante un mensaje diferente, y es que laderas tan escarpadas y cumbres tan majestuosas, parecen la obra del ímpetu de un coloso.

La Paz, que antiguo fue morada del cóndor, hace ya más de mil años que pasó a ser hogar de los hombres. Diversas tribus indígenas se asentaron en este terreno escabroso desplazando a las aves de su particular paraíso, y es que no en vano esta ciudad es la tercera más alta del mundo. Situada en un valle que se extiende desde los tres mil doscientos, hasta los cuatro mil metros de elevación sobre el mar, sus casas y rascacielos se sitúan en empinadas laderas que otorgan a esta urbe una sensación de constante vértigo.

Fundada por el capitán español Alonso de Mendoza el veinte de octubre de 1.548, sobre los restos de primitivos poblados indígenas, hoy La Paz es una ciudad donde viven algo más de un millón de almas. Su función principal en aquel tiempo fue la de hacer de refugio y de sitio de descanso para las interminables caravanas que transportaban la plata desde Potosí hasta Cuzco. Pero con el tiempo aquel lugar de tránsito se fue convirtiendo en la ciudad que contemplamos hoy día, además de erigirse como la capital de Bolivia, título que comparte con la colonial Sucre. En la actualidad La Paz es una urbe cosmopolita y llena de vida, donde comparten acera indígenas con elegantes ejecutivos que se dedican al negocio de los hidrocarburos. Pero ésta era sólo la primera parada de un viaje con rumbo a lugares donde todavía se funde un misterioso pasado con un fascinante presente.

Expedición a los mundos perdidos

La cuna de los dioses

Es complicado describir qué se siente al abandonar La Paz viajando por una carretera que atraviesa esa zona semidesértica del altiplano que se conoce por el nombre de puna. Kilómetros y kilómetros de llanura indómita donde los paisajes ocres y leonados dominan todo lo que alcanza la vista. Un terreno duro y agreste en el que florecieron antaño milenarias culturas. Un lugar donde la vida se hace interminablemente dura. Hogar donde habitan campesinos de rostro baqueteado que, junto a sus mujeres e hijos, arañan la dura superficie del campo para sembrar, a más de cuatro mil metros de altura, mustias patatas y escuálida cebada.

La puna siempre fue la casa de nadie, hábitat forzoso de desplazados por conflictos o guerras que empujaron a los hombres a internarse en la nada. De esta manera es que los indígenas aymaras la explotan y entienden, porque los incas, mejores guerreros que ellos, les expulsaron de sus privilegiadas tierras. Sin embargo, merece la pena pararse a contemplarla, pues en los lugares yermos la

poca vida que aparece se aferra con tanta fuerza a la existencia, que su pundonor se convierte en una lección inolvidable para el viajero. Así son la personas que pueblan la puna, resignados como los campos que los cobijan, austera como la lluvia del desierto. Hombres que rinden culto al suelo que pisan derramando alcohol todos los días para alimentar de esta forma las ansias de la castigada Pachamama, su diosa de la fertilidad y de la madre tierra.

> ... el lago Titicaca, que abarca un área de ocho mil doscientos cincuenta y seis kilómetros cuadrados, es todo un mundo acuático en medio del paisaje andino.

Fueron varias horas de tortuosa carretera, serpenteando por caminos donde la soledad se convierte en una inseparable compañera, hasta llegar al encuentro que estábamos esperando. De repente el recio manto ambarino de la puna baja lento y sosegado hasta convertirse en la orilla de un mar encajonado entre imponentes montañas. Y he dicho bien, mar más que un lago, porque el Titica-

ca, que abarca un área de ocho mil doscientos cincuenta y seis kilómetros cuadrados, es todo un mundo acuático en medio del paisaje andino. Sus aguas, vistas desde los promontorios que lo circundan, son un espejo azul seductor que se pierde en la lejanía. La parada en esos momentos se hace obligada, pues el Lago Titicaca, contemplado desde determinados promontorios en los que el aire fresco acaricia al visitante, más que una realidad parece un lienzo dibujado sobre el horizonte.

No es de extrañar, por tanto, que aymaras e incas le concedieran la virtud de haber sido el escenario en que se dio la creación del Universo y de nuestro propio mundo. Según narra la leyenda, Viracocha (que en lengua ayamara viene de los vocablos *huira cocha*, que significan "espuma del lago") salió de las aguas que ahora contemplamos, siendo así el primer dios que existió en los albores del tiempo. Junto a su hermana Mama Cocha esculpió más tarde praderas y montañas, dibujando la Tierra tal y como hoy la conocemos. Fue entonces cuando se dio cuenta de que no había luz para que los hombres pudieran contemplar su creación. Por este motivo se sumergió en el Lago Titicaca para rescatar con su vigorosa mano al sol y la luna que reposaban sobre las oscuras aguas del fondo, poniendo de esta forma los astros al servicio del mundo que ya había creado. Pero esto le supuso un problema, ya que dicen los ancianos del lugar que el sol se enamoró de la luna, estando condenados por su función a no poder verse jamás. Ambos lloraron y le imploraron al gran Creador que al menos de vez en cuando les dejara estar juntos. Y Viracocha, que era de gran corazón, se lo permitió. Así explican los más viejos a los niños en estas latitudes que a veces se puedan contemplar a la vez ambos astros a determinadas horas del día.

El Santuario de la Virgen de Copacabana es hoy un importante centro de peregrinación...

Caminando a través de este escenario de leyenda llegamos hasta la ribereña localidad de Copacabana, uno de los puertos más importantes que jalonan el Titicaca. En la antigüedad centro astronómico incaico, hoy se ha convertido en una pequeña ciudad que

vive del turismo y de la pesca. Por desgracia el edificio que los hijos del sol utilizaron para observar los movimientos de las estrellas fue destruido y sobre sus cimientos se construyó una hermosa iglesia. El Santuario de la Virgen de Copacabana es hoy un importante centro de peregrinación, al igual que seguro también lo fue su pagano predecesor. Hasta esta ermita bañada de un blanco deslumbrante acuden todos los quince de agosto miles de peregrinos esperando los milagros de su Virgen. La misma devoción, aunque con distinta figura, que antes se procesó a la Pachamama en este mismo sitio. Los tiempos en estas latitudes cambian, pero los sentimientos no.

En la plaza de la ciudad, mientras esperamos cerrar nuestro transporte con un barquero que nos llevará hasta la Isla del Sol, decenas de mujeres aymaras persiguen a los turistas ofreciéndoles miniaturas de los barcos de totora que todavía surcan el lago. La totora es un junco resistente y liviano con el que los nativos construyen embarcaciones de una gran flotabilidad. Han sido muchos los arqueólogos o aventureros como el famoso Thor Heyerdal, los que han acudido hasta la gente que vive en el Titicaca para que les construyeran embarcaciones con las que surcar los mares, emulan-

08 Caminando entre las nubes

do episodios pretéritos de navegación primitiva. Hazañas del siglo XX que quisieron demostrar que el hombre en la antigüedad más remota fue capaz de crear rutas comerciales entre continentes. Pero nosotros, aunque nos cruzamos con dichas embarcaciones, hemos venido aquí con un fin muy distinto.

El trato con el barquero se hace de rogar y el regateo es inevitable. Pero tras un largo tira y afloja por fin convencemos a un indígena para que nos lleve hasta la Isla del Sol, uno de los más importantes santuarios andinos donde se encuentran todavía vivas tradiciones ancestrales que sólo nacen en una tierra tan majestuosa como ésta. Navegar por el Titicaca a tres mil ochocientos metros de altura, es como deslizarse por el balneario que antaño disfrutaron los dioses. Sus doscientos veinte kilómetros de longitud por sus ciento doce de anchura, dan el espacio suficiente como para que en sus aguas quepa de sobra la más enorme de las epopeyas.

Tras hora y media de navegación por fin pisamos la Isla del Sol. A la salida del puerto nos esperan las escalinatas incas de Yumani, donde hay tres fuentes antaño sagradas. El paisaje aquí es abrupto

a la vez que frondoso, aunque lo de trepar por el monte a tal altitud es siempre un nuevo reto. Paramos para beber agua de una de las fuentes a la que los lugareños llaman "de la eterna juventud", parada obligada por si sus dones fueran ciertos, y proseguimos nuestro camino hasta un ruinoso albergue.

Agotados por el día de esfuerzo, fuimos recompensados con una exquisita sopa de verduras que nos cocinó una mujer de la isla. Escoger el menú era bien sencillo, no había otra cosa para comer. Ante mis ojos de asombro salió de su casa y recolectó de su huerto los frutos del campo que empleó en su guiso: habas, cebolletas y zanahoria. Derrotado por el cansancio dormí como pude en una vieja casa que ni tan siquiera tenía cristales en las ventanas, tapando los huecos de la pared había cartones pegados con cinta. El baño era un agujero en el suelo con un cubo de agua al lado. Fue incómodo, pero maravilloso. Barato, indiscutible, un dólar por noche.

A la mañana siguiente me desperté de madrugada para acudir junto a un anciano chamán hasta un extremo de la isla desde donde se rinde culto al sol, igual que se hacía hace más de mil años. Cuando el cielo comenzó a teñirse de ocre aquel hombre sacó de una bolsa unas hojas de coca, agua, alcohol y diminutos exvotos hechos de azúcar que reproducían las figuras de diversos animales como lagartos, ranas, tortugas...

Justo cuando apareció el primer rayo de sol el chamán derramó alcohol sobre la tierra, me bendijo con su agua empapada en blancas flores y encendió una hoguera donde quemar los exvotos y las hojas de coca. Mirando al cielo recitó sin parar mil y un conjuros en lengua aymara mientras que una oscura tormenta nos acechaba desde la lejanía. Parecía como si los dioses le estuvieran oyendo. Su calzado eran unas sencillas sandalias de cuero con las que trepaba por las rocas como una gacela. Su ropa, un poncho de mil y

un colores. Apenas entendía ni una sola palabra de castellano pero su comunión con el mundo invisible que nos rodea superaba lo racional, y lo digo siendo un escéptico en muchas de las facetas que rodean al chamanismo.

La ceremonia no duró más de media hora, pero el esfuerzo de llegar hasta allí mereció la pena, pues durante un corto espacio de tiempo mi alma se fundió con una increíble naturaleza. No puedo saber si los hombres que acudieron hasta este lugar hace siglos sintieron lo mismo que yo. Aunque sí les puedo asegurar que durante unos minutos me pareció incluso escuchar el susurro de los dioses. Creí oír la canción del viento, la voz del sol, el alma de la brisa y el transcurrir del tiempo. Solo, en silencio, mientras aquel hombre rezaba, no paré de contemplar las nubes. La tormenta se acercaba pero mientras él mantuvo sus plegarias al sol, éste no paró de relucir aunque el cielo se cerraba cada vez más. Justo cuando acabó sus rezos y cánticos, el sol se ocultó, parecía realmente que los dioses le escuchaban. Al terminar la ceremonia un imponente aguacero descargó sobre nosotros toda su furia. Así nos fuimos de la Isla del Sol empapados y pensando. Pensando seriamente si en lugares así no existe todavía una conexión sutil y maravillosa que permite a los hombres comunicarse con la naturaleza.

08 Caminando entre las nubes

La cuidad de los gigantes de piedra

Todo eran inconvenientes y problemas a la hora de poder traspasar aquella puerta con nuestras cámaras. Que si teníamos que hablar con el alcalde, que si el permiso del embajador no nos servía para nada... que si no les gustaba nuestra cara o qué se yo cuantas más estupideces. Horas de discusión y de tira y afloja en las que incluso tuvo que intervenir un policía para poner paz donde obviamente no la había. Entendí que era la única forma, ponerme hecho un energúmeno, no porque en realidad lo sea, sino que era el único idioma que entendían los guardias de las ruinas arqueológicas más misteriosas y fascinantes que existen en este país. Nuestra entrada se hizo de rogar y todavía no entiendo cómo lo conseguí sin sobornar a nadie, pero la final lo logramos.

En medio de la más triste de las punas, en una llanura situada a más de tres mil ochocientos metros de altura, se encuentra una vieja ciudad cuyos templos y estatuas han dado lugar a la más ardua de las polémicas entre eruditos, científicos y arqueólogos. Quizás ese mismo espíritu de discordia se ha trasladado hoy día también a sus cuidadores, que recelan ante el periodista como perro guardián ante la mirada de los ladrones. Caminábamos por un sendero polvoriento tras el sofoco de la entrada y, al ver los primeros monolitos, nuestro ánimo cambió en un instante para dejarnos invadir por la curiosidad propia de un niño. Seguimos avanzando y a nuestra derecha se fue dibujando cada vez con más claridad la silueta de una vieja pirámide desgastada por el tiempo y la desalmada acción de los hombres, hasta que por fin puse mis pies en el más grande y mejor conservado de sus templos. Si el principio del mundo está para las culturas andinas en el Lago Titicaca, para muchos el origen de estos mismos pueblos se encuentra encerrado en las piedras color caoba que contemplo en este instante. Es difícil imaginar qué tipo de rituales se dieron aquí, cómo vivían los habitantes de esta ciudad y qué les llevó a desaparecer en un breve espacio de tiempo. Pero en las ruinas de Tiahuanaco, todo es tan distinto a cualquier otra cosa que jamás haya visto, que es fácil dejarse seducir por sus ciclópeas formas dejando volar la imaginación hasta un tiempo tan enigmático como remoto.

Viracocha, el creador del mundo, salió un día andando del Lago Titicaca y sobre sus primeros pasos el hombre edificó una ciudad de tosca belleza y misteriosos edificios. Hasta sesenta mil almas

llegaron a vivir aquí, en una urbe cuyos templos fueron centro de peregrinación obligado para todas las culturas andinas. Miles de kilómetros a través de escarpadas montañas, de gélidos glaciares y de tórridos desiertos no fueron impedimento para que hombres venidos desde muy lejos se postraran en el mismo suelo que ahora pisaba yo. El edificio santuario más importante de Tiahuanaco es el Kalasasaya, que tiene superficie de quince mil metros cuadrados. En su interior, críptico y desafiante, nos encontramos con el Monolito Ponce, que representa no sabemos si es un dios o un sacerdote que en sus manos sostiene dos *keros* o vasos ceremoniales por los que asoman serpientes. Sus pétreos ojos miran al este, al punto donde todas las mañanas nace el sol que un día Viracocha regaló a los habitantes de la misma Tierra que él había creado.

> El edificio santuario más importante de Tiahuanaco es el Kalasasaya, que tiene superficie de quince mil metros cuadrados.

Sin embargo, no es este monolito el que atrapa la atención del visitante, es otro que hay bastante más atrás, conocido como la Puerta del Sol, el que ha dado pie a mil conjeturas. Hecha en una sola pieza de andesita, un mineral con propiedades magnéticas, la puerta está coronada con una extraña figura a la que los arqueólogos dieron el nombre del

Expedición a los **mundos perdidos**

Dios Llorón, pues sobre sus mejillas aparecen una serie de puntos que simulan lágrimas. Este personaje se revela como una especie de sacerdote guerrero de cuyos brazos cuelgan dos cabezas trofeo, cortadas a los enemigos en la batalla. Sus piernas son rechonchas, su cabeza es desproporcionada a su cuerpo y está tocada por un aparatoso adorno ceremonial, mientras en sus manos sostiene dos cetros que terminan en cabeza de ave.

Nadie ha podido descifrar todavía a qué personaje representa, sin embargo, copias de su extraña silueta han aparecido a miles de kilómetros de distancia de donde ahora nos encontramos en diferentes cerámicas y objetos decorativos. A ambos lados, adornando también la parte superior de la puerta, nos encontramos con cuarenta y ocho figuras distribuidas en tres líneas perfectas. En la superior y la inferior lo que aparecen son hombres alados, mientras que en la intermedia son pájaros los que agitan con sus alas este insondable misterio. Mucho más abajo hay representaciones del sol e incluso dos figuras que parecen tocar unas fanfarrias a las que se les dio el nombre de los trompeteros. La imaginación y la creatividad de su dibujante es algo fuera de toda duda. Pero, ¿qué representa la Puerta del Sol? Para muchos arqueólogos es un calendario cuyo funcionamiento exacto desconocemos y es muy posible que no anden desencaminados, pues todo Tiahuanaco no es más que la expresión de la cosmogonía andina además de un centro de adoración a los dioses.

Para muchos arqueólogos es un calendario cuyo funcionamiento exacto desconocemos...

El Kalasasaya, el mayor templo de esta maravillosa ciudad, representa con toda probabilidad el Acapacha, el plano de la realidad en el que todos vivimos. Por eso justo en su lado oriental nos encontramos otro santuario, éste más pequeño conocido como

Expedición a los **mundos perdidos**

el Templete Subterráneo, que sería una representación, según esta teoría del Manquepacha, del oscuro inframundo donde habitan los muertos, de ahí que de sus paredes, construidas bajo el nivel de la llanura, asomen cabezas calvas (¿calvas o clavadas?) como si fuesen los fantasmales rostros de los que un día ya se fueron.

Y por último, al lado sur del Kalasasaya, podemos ver los restos de la Akapana, la pirámide que presidía la ciudad y que simbolizaría el Alakpacha o el mundo superior donde habitan los dioses. Desde su cúspide, los sacerdotes astrónomos de Tiahuanaco contemplaban los movimientos celestes, reflejados en el enorme lago artificial que se mandó construir en su cima y que todavía puede visitarse. Este sistema de observación astronómica fue bastante común en la antigüedad, ya que era más cómodo mirar con detalle el desplazamiento de las estrellas sobre el agua, teniendo los marcos del lago como una referencia estática del movimiento de los cuerpos celestes. No es descabellado por tanto pensar, cotejando estos datos, que los sacerdotes astrónomos de Tiahuanaco plasmaran parte de su conocimiento en un críptico calendario que se encuentra oculto en los signos que adornan la puerta del sol.

08 Caminando entre las nubes

Otro de los misterios de esta ciudad es el de los monolitos antropomorfos que se encontraron diseminados por diferentes lugares, aunque de todas las teorías que hay sobre su significado y función, la más curiosa sin duda es la que nos cuentan las leyendas. Para los habitantes de la región tales piedras no son más que los cuerpos de los gigantes que Viracocha convirtió en roca por su crueldad y su amor a la guerra. Una lección de sabia justicia divina que un antiguo dios dejó para todos los que un día regresaran a este santuario. El mensaje que nos traen las rocas de Tiahuanaco es que todos aquellos que utilicen la violencia de manera injusta o indiscriminada serán castigados por los creadores de este mundo. Una lección que sigue plenamente vigente es este loco siglo XXI.

Sucre y Potosí

Aquella vieja dama vestida de blanco nos esperaba en su frondoso trono acompañada como siempre por sus amigas las montañas. Por sus calles pasearon revolucionarios, libertadores, eruditos, políticos, presidentes e indios. Todos acudieron aquí con ansias de cambio... y a fe que lo consiguieron. La ciudad de Sucre, al sur de Bolivia, parece un patio andaluz abrazado por los Andes. Joya de la colonia, sus casas y calles reflejan la riqueza y el refinamiento de sus antiguos constructores, nobles y

aventureros que llegaron en su mayoría del sur de la península ibérica. Pero no son sólo las casas lo que acerca a Sucre a su pasado andaluz y extremeño, es también un clima con una temperatura media anual de dieciocho grados, lo que nos trae recuerdos de otras tierras por las que tantas veces caminamos.

> *Su nombre fue el de Villa de la Plata, pues aquí se establecieron los dueños de las minas de su vecina Potosí...*

Fundada el 16 de abril de 1.540 por Pedro de Anzures, fue adquiriendo importancia rápidamente como centro administrativo y cultural, ya que en ella se fundó también una de las primeras universidades de América. Su nombre fue el de Villa de la Plata, pues aquí se establecieron los dueños de las minas de su vecina Potosí, ciudad con la que siempre ha estado unida en un mismo destino. Tal fue la riqueza de aquellos tiempos que en la Iglesia de San Felipe Neri, que todavía se encuentra en un fabuloso estado de conservación, se utilizó como cemento plata para unir los ladrillos de algunos de sus muros. Un tiempo de bonanza y despilfarro que obviamente no fue eterno.

Pero si Sucre se ha ganado un lugar en la historia ha sido sin duda por su carácter revolucionario: no en vano fue la primera ciudad de América Latina en conseguir su independencia el 25 de mayo de 1.809. Dieciséis años más tarde, Bolivia y otras naciones del nuevo mundo conseguían también su ansiada libertad. Un espíritu de cambio que invadió a millones de almas y que en buena medida se gestó en esta bella urbe colonial.

Hoy Sucre es una ciudad muy distinta, con ganas de abrirse a un turismo todavía tímido, mientras mantiene de una forma brillante una rica vida cultural gracias a su Universidad. Su gente sigue disfrutando de la belleza privilegiada de unas calles declaradas Patrimonio de la Humanidad por la UNESCO en 1.991 y el blanco de sus casas brilla más puro que nunca esperando recuperar la bonanza de antaño, mientras mira de reojo a su vecina Potosí con la que siempre caminó unida de la mano.

Potosí huele a plata, dinamita, alcohol y coca, ingredientes esenciales de su vida minera. Cuentan las viejas crónicas que fue el indio Diego Huallpa quien, alertado por haber perdido algunas llamas de su rebaño, se internó en la montaña sagrada de Sumaj

Orco. En aquel lugar prohibido, porque en sus entrañas moraban los dioses, le sorprendió la noche y la brisa gélida de la madrugada le obligó a encender una pequeña hoguera que lo aliviase del frío. La oscuridad era total y tan sólo aquel fuego alumbraba la inmensidad de la montaña. Fue entonces cuando sucedió

Las calles de Sucre fueron declaradas Patrimonio de la Humanidad por la UNESCO en 1991.

el milagro. Bajo las brasas que había encendido, el suelo comenzó a derramar lágrimas de plata, era como si Pachamama llorase de dolor ante el fuego de un incauto. Aquel hombre bajó al día siguiente del cerro y contó a todos el milagro. Ese fue el principio de la explotación de la mayor mina de plata que jamás hayan visto los ojos del hombre. La riqueza que salió de aquel monte fue tal, que la ciudad que se construyó a los pies del cerro, Potosí, tenía en el siglo XVII mayor número de habitantes que París o Londres, y por supuesto era la más poblada de América. Había riqueza y trabajo de sobra para todos. Así se erigió además la segunda ciudad más alta del mundo: Potosí se encuentra a 4.070 metros por encima del nivel del mar, y caminar por sus calles supone casi andar entre nubes.

En esta rica villa se construyeron enormes casas solariegas y palacios, algunos de los cuales se encuentran todavía en muy buen estado de conservación, lo que hizo que la UNESCO la declarara Patrimonio de la Humanidad en 1.987. La más impresionante construcción de aquella época es la Casa Nacional de la Moneda que data del siglo XVIII. Hoy convertida en museo, en ella se acuñaban las monedas de plata para todo el imperio. Sus dependencias tienen más de 7570 metros cuadrados distribuidos en torno a cinco patios. Todavía se conservan en perfecto estado máquinas y troqueles con los que se daba forma a la plata que salía del cerro.

Mucho han cambiado los tiempos desde aquel entonces, aunque la extracción de metal, ahora de estaño y zinc, sigue siendo la actividad principal de los habitantes de esta urbe, cuyo sudor se convierte en barro todas las mañanas al penetrar en las más de trescientas galerías que permanecen abiertas en el cerro. Cuando las minas se inauguraron en 1.545 la plata se cogía de la superficie en estado puro. Esta actividad duró los primeros diecisiete años de explotación. En este cerro se llegaron a taladrar hasta cinco mil quinientas bocas en las que murieron por silicosis decenas de miles de personas, cifra que no puedo concretar por no existir un registro claro al respecto. Pero el número de los que perecieron aquí no ha terminado, ni mucho menos, este lugar es un auténtico infierno donde los jóvenes siguen destrozando sus pulmones y su vida por un salario mísero.

Jamás olvidaré la mañana en la que, acompañado por un equipo de televisión, me fui a filmar las minas más altas del mundo. Deambulando por una carretera de tierra cochambrosa miraba a

través de los sucios cristales de una furgoneta mientras nos alumbraban las primeras luces del alba. Por el arcén centenares de hombres y mujeres mascando coca. Mi intención era la de llegar justo al comienzo de la jornada de trabajo. En ese momento es cuando los mineros celebran un extraño ritual, exactamente antes de comenzar a horadar en las galerías. Sus costumbres ancestrales, así como los cientos de muertes que han visto de sus compañeros, les hacen que adoren y teman a la vez a esta montaña.

Salvo por los camiones que hay en algunas rampas, la mecanización es nula en pleno siglo XXI en este rincón de América. En el interior de las galerías la temperatura puede llegar a los 45 grados, así que los hombres suelen trabajar semidesnudos. La excavación de los túneles es artesanal, a golpe de martillo y con pequeñas detonaciones de dinamita. No hay apuntalamiento de seguridad de ningún tipo, de forma que las muertes por derrumbes se producen casi a diario. La bebida que continuamente consumen los trabajadores para soportar las terribles condiciones laborales es alcohol

08 Caminando entre las nubes

de 96 grados puro. De manera que, a la media hora de comenzar a golpear las entrañas de la tierra, todos están completamente borrachos, problema que aumenta como es natural el número de fallecidos. Todo un infierno que pude comprobar en primera persona.

A la entrada de una bocamina nos esperaba un guía con el que habíamos pactado el día anterior un precio para que nos dejaran filmar junto con sus compañeros. Tras esperar quince minutos, el único pago que nos pidieron el resto de mineros fueron varios cartuchos de dinamita, una gran bolsa con hojas de coca, cigarrillos y tres litros de alcohol puro. Después de ponerme un viejo casco, un mono raído y unas pesadas botas entré con ellos hasta las puertas del inframundo.

El calor y la humedad eran insoportables, la galería llena de recovecos y completamente tosca. Lo primero de lo que me advirtieron era que tuviera cuidado con las partes mojadas de la pared que eran de color más oscuro, pues era agua mezclada con zinc altamente tóxica. Tras bajar como unos cincuenta metros, llegamos a una pequeña sala en la que no cabíamos más de una docena de personas. La estancia estaba presidida por una figura de barro de aspecto siniestro tocada en su cabeza por un par de cuernos. *"Es el Tío"* me decían, *"el dueño de Potosí"*, a la vez que sonreían. Nos pusimos todos alrededor de este personaje que en la cultura aymara y quechua representa al *supay* o demonio, y uno de los trabajadores que nos acompañaba empezó la ceremonia. Abrió una botella de alcohol y derramó primero a sus pies un poco del mismo, para luego echar un poco sobre su boca a la vez que hablaba en el antiguo lenguaje de los pueblos andinos. Luego encendió un cigarrillo, fumó y también lo puso en su boca. Como último paso dejó a sus pies la codiciada hoja de coca, que según sus costumbres les permite trabajar sin esfuerzo, y como remate todos se pasaron la botella de alcohol dando un gran trago. Al ingerir el líquido gritaron para demostrar su hombría, incluso yo, que les aseguro me llegó el trago hasta lo más profundo del alma. Después pasé buena parte de la mañana con ellos mientras me comentaban los detalles de su oficio, a la vez que no paraban de mascar coca, fumar y emborracharse.

Cuando subí a la furgoneta para dejar atrás las minas y la ciudad de Potosí, en un estado casi ebrio, giré la cabeza para observar por última vez este lugar. Y aunque mi mente estaba aturdida no pude más que pensar que la extraña ceremonia no podía haber sido de otra forma. ¿No era acaso esta montaña la auténtica morada del diablo? Un infierno en la tierra que lleva funcionando demasiados siglos. La esperanza de vida de la gente que dejaba atrás aquel día no supera en la actualidad los treinta años.

El último monstruo del Amazonas

> ..."el gran Paititi", la zona que guardaba los más fabulosos tesoros, es en la actualidad una de las junglas más vírgenes de todo el planeta.

Aquella avioneta parecía un cascarón a punto de resquebrajarse, pero subirse a ella era la forma más segura de adentrarse en una de las selvas más desconocidas de cuantas existen. O al menos eso pensaba yo. Despegamos del aeropuerto del Alto y tomamos rumbo norte en dirección a la reserva biológica del Madidi en la norteña región del Beni. Su único aeropuerto es Rurrenabaque, una diminuta población que no llega a los diez mil habitantes. Antiguamente conocida en tiempos de la colonia como "el gran Paititi", la zona que guardaba los más fabulosos tesoros, es en la actualidad una de las junglas más vírgenes de todo el planeta, hasta el punto de que quedan en sus entrañas tribus sin contactar que jamás se han topado con el hombre blanco.

Mi misión era en teoría sencilla. Después de entrevistar en La Paz al biólogo Marco Octavio Ribera, uno de los responsables de las reservas de la biosfera que existen en Bolivia, pude comprobar cómo una de las leyendas amazónicas más antiguas de cuantas existen tenía los visos de ser una auténtica realidad.

Fue a finales de los años ochenta cuando el científico de la Universidad de Harvard, David Oren, se obsesionó con los rela-

Expedición a los **mundos perdidos**

tos de varios nativos brasileños que le describieron a un terrible monstruo de color rojizo, pelo largo y unas dimensiones que superaban los dos metros de altura. Recogió en total más de quinientos testimonios de personas que comentaban haberlo visto. Su nombre era para todos igual, el *mapinguari*, que quiere decir en idioma nativo "el guardián de la selva". En sus diferentes expediciones este investigador pudo incluso recoger muestras de pelo y de heces que tras ser analizadas dieron como resultado pertenecer a una especie desconocida hasta ese instante. Pero tanto su universidad como el mundo académico le retiraron todos los apoyos económicos de los que disfrutaba. Estaba buscando ni más ni menos que un homínido no clasificado por la ciencia, un yeti en las selvas del Amazonas.

Desde entonces David Oren sigue viviendo en Brasil, asentado en la región de Mato Grosso, buscando a este extraño animal, ayudado tan sólo por los diferentes equipos de televisión que financian sus aventuras en lo más profundo del bosque lluvioso.

> *En sus diferentes expediciones este investigador pudo incluso recoger muestras de pelo y de heces que tras ser analizadas dieron como resultado pertenecer a una especie desconocida....*

08 Caminando entre las nubes

Esta era la información de la que yo disponía acerca de la bestia suramericana que para algunos es un milodón, un tipo de perezoso gigante extinguido supuestamente hace diez mil años, mientras que para otros se trataría de una especie de eslabón perdido. Sin embargo, como antes les narraba, mi entrevista con Marco Octavio Ribera hizo que pensara de forma diferente, pues me aseguró que en la norteña región del Madidi había podido recoger infinidad de testimonios de cazadores y de indígenas que afirmaban también haberlo visto, dando una descripción muy similar a la que años antes había recogido David Oren en Brasil. Había, pues, que comprobarlo.

El viaje en avión hasta las selvas del norte de Bolivia es una de las experiencias más surrealistas que he vivido. Cuando pasamos por encima de las gigantescas montañas a más de seis mil metros de altura pude comprobar que nuestro transporte no estaba presu-

rizado. Así que el piloto se puso su máscara de oxígeno, mientras que los que íbamos detrás simplemente intentábamos movernos lo menos posible, ante el miedo a un mareo de esos de los que nunca se olvidan. El aterrizaje no se puede garantizar en origen, pues la pista de Rurrenabaque es de tierra y, si está lloviendo, lo cual es bastante probable, hay que dar de nuevo la vuelta hasta La Paz. Aunque nosotros tuvimos bastante suerte y pudimos llegar hasta esta preciosa y diminuta urbe apartada a cientos de kilómetros de todo.

Una vez allí me pude entrevistar con Iván Arnold, director de la reserva del Madidi, una impresionante selva de 18.957 kilómetros cuadrados llenos de misterio. Poco antes de mi llegada habían descubierto una especie de mono tití todavía desconocido para los biólogos. Aún no le habían puesto nombre. Éste me co-

mentó que también había oído hablar de la leyenda del mapinguari, pero que él no la había podido comprobar; para eso era mejor charlar con los guías de selva.

Y así fue como fui a parar a la casa de Tico Tudela, una de las personas que mejor conoce el Río Beni, comentándome cómo había visto las huellas de una especie mezcla entre gorila y hombre, además de escuchar sus terribles gritos. Cuando vi los textos del biólogo Oren entendí que se trataba de la misma especie, pues las huellas que él describe en sus estudios son de treinta centímetros de longitud por quince de ancho, muy similares a las que había visto mi testigo.

Para los aborígenes de esta jungla el mapinguari es un viejo chamán al que los dioses convirtieron en una bestia tras hallar la fórmula de la inmortalidad; para los hombres de ciencia un simio o un perezoso gigante. Tras su pista nos internamos en lo más profundo del bosque, en concreto en territorio tacana, durante varios

días. Fueron jornadas muy duras en las que la lluvia y los mosquitos nos martirizaron hasta el extremo. Acompañados de guías locales, remontamos en lancha el fabuloso Cañón del Bala, última frontera con un mundo desconocido, y allí pude fundirme con una bella a la vez que hostil naturaleza. Caminé en una interminable senda tras sus misterios y la verdad es que no hallé nada, pero eso no me decepcionó. Es siempre un placer deambular por caminos que apenas nadie ha transitado mientras escuchas el correr del agua y el canto de exóticos pájaros.

No me frustró volver con las manos vacías, aquella selva para siempre me regaló su mágico encanto. Sus enigmas sin resolver, aún si cabe, me la mostraron más hermosa pues me hicieron ver que hay lugares realmente vírgenes en este planeta donde uno puede sentirse todavía como los viejos exploradores. Espero de corazón que este lugar de América continúe como hasta ahora para siempre, siendo un auténtico reino de lo desconocido.

09 La memoria olvidada

Sus restos se alzan como los de un inquietante fantasma de acero oxidado en medio de un aterrador desierto. La carretera que une la ciudad de Iquique con el antiguo poblado salitrero de Humberstone está salpicada de tumbas a uno y otro lado del arcén. Porque todo en esta zona del desierto de Atacama recuerda a muerte y desolación. El frío de la noche rompe el suelo salino de los cementerios y los ataúdes carcomidos se abren paso hasta la superficie dando a sus rincones un aspecto, aún si cabe, todavía más descorazonador. Es como si el presente se esforzara en mostrarnos con detalles sutiles el cruel pasado que rodeó la construcción de los gigantescos poblados salitreros que afloraron en el norte de Chile en la segunda mitad del siglo XIX. Las enormes naves diseñadas para la extracción del nitrato de sodio son en

09 La memoria olvidada

> En 1907 miles de trabajadores y sus familias se reunieron de manera pacífica en la escuela de Santa María de Iquique para reclamar mejoras en sus salarios y en su forma de vida.

la actualidad catedrales enmohecidas que sirven para asombro de los turistas. Repletas de maquinaria pesada obsoleta, de vagones vacíos, de vías de tren abandonadas, de cementerios olvidados, las explotaciones salitreras son descomunales espectros que adornan de forma desconcertante lugares donde reina lo tétrico.

Jamás el hombre se estableció en las zonas salinas del desierto de Atacama, pues no son aptas para la vida. Pero la industria, dominada en aquel entonces por poderosos y despiadados empresarios, hizo oídos sordos a aquella ley que impuso la naturaleza y llevó hasta aquellos sitios desolados ejércitos de obreros que serían cruelmente explotados. Trabajaban de sol a sol en condiciones infrahumanas a cambio de un sueldo tan miserable que ni tan siquiera se les daba en moneda. A aquellos esclavos de finales del siglo XIX y principios del XX se les pagaba con bonos con los que podían adquirir alimentos, vestido y otros enseres en los estable-

cimientos que las mismas compañías salitreras tenían dentro de las explotaciones. El negocio era redondo, se pagaba con miseria a los desplazados y ésta se reinvertía para mayor beneficio de la empresa en sus propios negocios. Tanto abuso debía tener un final y los obreros lo intentaron. En 1.907 miles de trabajadores y sus familias se reunieron de manera pacífica en la escuela de Santa María de Iquique para reclamar mejoras en sus salarios y en su forma de vida. Un negociador del gobierno fue a su encuentro. Todos se juntaron para escucharle. Pero aquel necio asesino llevó varias guarniciones del ejército que simplemente acribillaron a balazos a miles de hombres, mujeres y niños. Más de un siglo después de la matanza todavía no se ha determinado cuántos murieron, aunque los historiadores están de acuerdo en que el número de fallecidos debió rondar los tres mil.

Varios días pasé filmando y fotografiando la triste inmensidad del poblado salitrero abandonado de Humberstone, comprobando cómo la esclavitud y la infamia han tenido diferentes rostros a lo largo de la historia: cogiendo con mis manos la miseria de aquellos

09 La memoria olvidada

niños tan pobres que confeccionaban sus juguetes con las latas de conservas con las que se pagaba a sus padres; caminando por las casuchas de los obreros que contrastaban con la pista de tenis en la que jugaban los dueños de la mina y sus adinerados amigos.

La sal, el desierto y el tiempo han convertido aquel lugar en un reclamo turístico. Realmente es sobrecogedora la visión de un mundo oxidado en medio de la más absoluta nada. Las formas mortecinas de sus enormes torres de hierro se alzan como monumentos a la desdicha de los que allí vivieron y murieron. Pero Humberstone sirve también como ejemplo y como recuerdo, pues jamás el hombre debe olvidar la injusticia y que no todo vale en nombre del progreso. Hoy las ruinas de aquel universo de desdicha sirven como homenaje a los que allí perecieron y como advertencia de lo que jamás debe volver a repetirse. Pero no todo es muerte en un desierto tan grande y mágico como el de Atacama. Éste no era más que el comienzo de un viaje por un fantástico Chile que jamás ha dejado de sorprenderme las veces que he tenido la fortuna de visitarlo.

Expedición a los **mundos perdidos**

Cuando el desierto habla

La palabra "seco" adquiere otra dimensión en Atacama, pues no en vano es el lugar con menos precipitaciones del planeta. Llueve de media 15 minutos al año y a veces para recoger tan sólo un litro de agua por metro cuadrado pueden transcurrir hasta cinco años. En sus costas y en su atmósfera se da una fenómeno de inversión térmica, pues la corriente de Humbolt que abraza esta parte del continente es de agua fría que apenas evapora. Las carreteras que lo atraviesan se internan realmente en uno de los lugares más desolados de toda la Tierra. Creo que he tenido la suerte de ser uno de los pocos viajeros que ha visto diluviar sobre este enorme erial. Aunque lo de "suerte" debo ponerlo yo mismo en entredicho, ya que las copiosas lluvias que me acompañaron en mi último viaje a Chile provocaron en la zona varios muertos en accidentes de tráfico, así como un sonado apagón en la ciudad de Iquique.

09 La memoria olvidada

> Llueve de media 15 minutos al año y a veces para recoger tan sólo un litro de agua por metro cuadrado pueden transcurrir hasta cinco años.

Atacama es una región de naturaleza muerta y de paisajes desolados. No apta para la vida y los asentamientos humanos primitivos. Sin embargo, esta zona del norte de Chile fue un lugar de paso clave para las civilizaciones precolombinas. Enormes caravanas indígenas atravesaban sus agrestes parajes con dirección a la costa. Traían consigo objetos exóticos de la selva, como plumas de colores o semillas, y los cambiaban por conchas marinas y otros productos que salían de un mar bondadoso. No debió de ser fácil la tarea de estas caravanas de hombres que se enfrentaban todos los años a los rigores del desierto. Iban acompañados por enormes rebaños de llamas que más tarde podrían cambiar y, como alimento, a parte de los camélidos, llevaban maíz seco y cuys enjaulados que iban siendo sacrificados en diferentes momentos del camino. Estos viajes pusieron en contacto lo andino y los mundos de la selva amazónica, con los poblados que había en la costa de Atacama. La fusión de maneras de ver la vida tan diversas tuvo que ser enriquecedora a la par que exótica. Poco queda de aquel mundo olvidado, de aquellas gentes que se enfrentaron a la dureza de cumbres que pasaban los cuatro mil metros y a la inmensidad de terrenos yermos e inhóspitos. Aunque nos dejaron huellas de su paso tan enigmáticas como lo fue su propia existencia.

...el ser del Cerro Unita representa al dios Tunupa, el gran ordenador cósmico de las culturas andinas.

Sobre el Cerro Unita se alza uno de los vigilantes más misteriosos del mundo: la figura antropomorfa más grande que el hombre haya construido en la antigüedad. Con sus 86 metros de largo, el geoglifo conocido por el nombre de "El gigante de Atacama", se muestra como un gigantesco guardián sobre la nada. Su vieja corona remata su inquietante rostro de ojos cuadrados. En su mano derecha porta un báculo, un objeto que le otorga poder y jerarquía. Bajo el mismo hay dibujada una vasija que posiblemente represente uno de los vasos con ofrendas que se hacían a los antiguos dioses que reinaban en estos parajes. Bajo su mano izquierda, lo que pudiera ser un ave. Sus rodillas adornadas le dan un aspecto aún más sagrado. Así, hace más de mil años, observa la puesta de sol sobre el desierto, pues su rostro pétreo otea en dirección al oeste.

Mucho se ha discutido sobre lo que representa esta figura, dibujada con rocas sobre la arena del cerro. En su construcción debieron participar muchas personas y en su culminación debieron intervenir sacerdotes y hombres santos, así que su importancia está por encima de cualquier controversia. Para muchos El Gigante de Atacama es el chamán de alguna tribu que quiso inmortalizar de esta forma su poder. Yo no puedo estar de acuerdo con esta interpretación, pues no sería comparable con otras representaciones sagradas precolombinas. Sí comparto, en cambio, la idea de aquellos que piensan que el ser del Cerro Unita representa al dios Tunupa, el gran ordenador cósmico de las culturas andinas. Tanto esfuerzo debió tener una razón sagrada no menos importante.

Viracocha, el gran creador, hablaba y Tunupa ordenaba sobre la faz de la Tierra. Hacía y deshacía montañas, creaba los ríos y diseñaba sus cauces, su poder era el del rayo, su fuerza la que hace rugir a los volcanes. Esta era la visión andina de la creación del mundo, repleta de controversias pues los cronistas españoles dan diferentes visiones de un mito que hoy ya no existe, y está por desgracia completamente olvidado.

Tunupa llegó a la Tierra después de que ésta fuera abandonada por los demonios. Tras una época de caos y tinieblas era necesaria la implantación de un orden divino. No podía ser de otra forma, el primer lugar que pisó Tunupa fue el lago Titicaca, donde se encuentra la sopa primigenia que albergó la vida. Allí se disfrazó de ser humano, tomó un bastón y emprendió su camino. Según el cronista aymara Juan de Santa Cruz Pachakuti *"era un hombre barbudo, mediano de cuerpo y con cabellos largos"*. Predicó las bondades del sol y explicó cómo Viracocha había creado el universo.

En muchas aldeas y poblados se rieron de él, y éste castigó a los hombres sin piedad por su blasfemia. Cuando abandonaba las villas de incrédulos convertía a sus habitantes en piedra o sencillamente hacía llover fuego sobre las mismas borrándolas de la faz de la Tierra. Destruyó muchas ciudades, creando otras a su paso. Así fue desde el Lago Titicaca hasta Cajamarca. Miles de años después de esta epopeya se puede comprobar que existen gran cantidad de poblados entre ambos puntos situados de manera equidistante. Tunupa fue un dios que como hombre diseñó con inteligencia las bases de lo que más tarde sería un próspero imperio. Todo esto no hace más que alimentar su misterio, pues para muchos Tunupa fue realmente un hombre de carne y hueso que sentó las bases de la hegemonía inca. Unas leyendas sitúan su final en el Lago Titicaca, el lugar donde comenzó su peregrinaje; otras, en cambio, dicen que descendió hasta la costa, se fundió con el agua del mar y desapareció para siempre. Si estas últimas son las ciertas, El Gigante de Atacama sería una de sus huellas imborrables en la faz de la tierra. Además, el geoglifo del Cerro Unita mira en dirección al mar, el lugar donde se le vio por última vez.

Expedición a los **mundos perdidos**

Jamás podremos saber la realidad que se esconde tras este mito, aunque no conozco a ningún dios que diseñe caminos y ciudades con la precisión que lo hizo Tunupa, un hombre que quizás pudo encumbrarse como un dios viviente gracias a sus méritos e inteligencia. Su impávida figura decora muchos siglos después de su existencia un lugar privilegiado en un desierto mágico. Vacío de vida pero repleto de misterio, pues por él caminó uno de los dioses más enigmáticos de la historia.

Pero el Cerro Unita no es el único sitio pintado en Atacama, hay otros muchos lugares donde se pueden ver representaciones de las caravanas que por aquí transitaban. También podemos ver figuras geométricas o seres que pudieran ser dioses o chamanes. Todos están hechos con la misma técnica, dibujados con rocas volcánicas apiladas o bien limpiando la superficie rocosa oxidada para que la hay debajo reluzca a la luz del sol. Lugares como Cerros Pintados o Soronal son de obligada visita para los amantes de la arqueología. Todos están hechos para ser vistos desde la distancia o para ser observados con todo lujo de detalles desde el cielo. No tienen la que misma fama que sus vecinas líneas de Nazca pero no por ello dejan de ser menos espectaculares.

Las especulaciones sobre el significado de las mismas ocupan infinidad de páginas en libros de antropología, pero las sigue recubriendo el misterio. Está claro que algunas de ellas, las situadas en las veredas de los caminos, pudieran ser orientativas, pero otras están claramente marcadas por lo religioso y lo sagrado. Quizás representen las huellas de otros antiguos dioses que como Tunupa algún día caminaron por aquí, aunque eso es algo que jamás sabremos. Posiblemente porque sus dibujantes quisieron que su mensaje fuera ése, el del perpetuo silencio. Un silencio interrumpido en la actualidad por un tímido turismo que se asoma a verlas con asombro y respeto, pues nos demuestran que el hombre con su esfuerzo es capaz de vencer lo más adverso: el más terrible de los desiertos, creando caminos que unieron mundos distantes donde el poder de los dioses era real y palpable. Una época que posiblemente jamás regrese, aunque su esplendor sigue hablando desde la distancia, dibujado sobre un enigmático desierto.

> *Todos están hechos para ser vistos desde la distancia o para ser observados con todo lujo de detalles desde el cielo.*

09 La memoria olvidada

Expedición a los **mundos perdidos**

09 La memoria olvidada

Las momias más antiguas del mundo

Niño con deformación craneana producto del uso de turbante

    Los niños contemplaban atónitos los cantos del chamán, mientras los llantos del resto de los miembros de la tribu daban a la escena un ambiente aún más perturbador. El cadáver del pescador yacía sobre la arena, su cuerpo estaba frío, su rostro pálido denotaba su óbito. Para los hombres el pescador había muerto, sin embargo ahora comenzaba su caminar en la otra vida, la de los espíritus. Y había que prepararlo para ello. Los ayudantes del brujo cogieron sus hachas de piedra y le cortaron la cabeza de un tajo. Lo mismo hicieron con sus brazos y con sus piernas. Con cuchillas finas de sílex empezaron a desollar el cadáver. La piel del difunto cortada a trozos sería enterrada en la arena para que ésta absorbiera toda su humedad. Sus músculos y sus vísceras serían alimento para aves y otros carroñeros, o bien consumidos por algunos de los miembros de la tribu que de esta manera seguían conservando la energía vital del que ya se había ido.

    En un proceso que duraba días, los huesos eran primero limpiados de cualquier resto de carne y después fortalecidos sobre el fuego. Se les bañaba con carbón y cenizas. Después, con la misma paciencia que tiene el que arma un puzle, se procedía a reelaborar el cuerpo del finado. Era en sí un acto de creación. El chamán jugaba a ser un dios entre los vivos. Primero los huesos se anudaban entre sí y se reforzaban las articulaciones con palos y arpillera. Se ponían varas en los brazos, las piernas y la columna. Se hacía un cuello con fibra vegetal y encima se ponía la cabeza anudada, pues había sido partida en dos para extraer la masa encefálica. Una vez estaba el armazón de hueso, se le daba volumen con arcilla gris hasta que pareciera humano. Entonces se ponía la piel encima ya seca cosida meticulosamente. Igual se hacía con el rostro. Para una mejor conservación se elaboraba una pasta de manganeso y se recubría todo el cadáver. Luego se elaboraba una máscara de barro mezclada con la misma sustancia y se le abrían la boca y los orificios nasales. Se hacía una vistosa peluca con pelo humano y se ponía sobre su cabeza. También se fabricaba con barro y manganeso una réplica de los órganos sexuales y se colocaba en la entrepierna. La momia ya estaba terminada. Los miembros de la tribu lo adoraban y eran felices, pues la persona con la que habían compartido tantas historias en vida ya estaba preparada para su tránsito al más allá.

09 La memoria olvidada

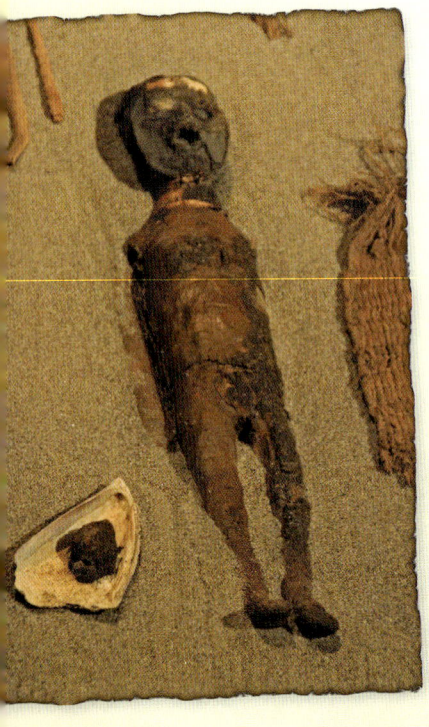

Así debió ser más o menos la ceremonia de elaboración de una momia de la cultura Chinchorro hace siete mil años. Poco o prácticamente nada sabemos de aquellos rituales, ni tan siquiera conocemos cómo eran las creencias sobre el más allá de estos hombres que habitaron buena parte de las costas de Perú y de Chile hace nueve milenios.

Se les conoce por este nombre porque el arqueólogo alemán Max Uhle desenterró varias momias entre los años 1.909 y 1.917 en la playa de Chinchorro, que se encuentra cerca de la localidad chilena de Arica. Su civilización comenzó cuatro mil años antes que la egipcia y sus técnicas de momificación se adelantaron a las del país del Nilo dos mil años. La datación más antigua de una momia se debe a esta cultura. Es en concreto la de un niño encontrado en el Valle de Camarones en Chile, las pruebas de radio carbono la llevaron hasta el año 5050 antes de Cristo. Ésta sería la primera momia artificial elaborada por el hombre, porque momias naturales, dejando solamente secar el cadáver también se han encontrado en esta cultura desde el 7000 antes de Cristo. Hasta ahora han aparecido algo más de cien cuerpos.

Posiblemente después de dos mil años los chinchorros quisieron más e inventaron su particular forma de preservar los cuerpos. Sin embargo, las momias chinchorro son muy diferentes de cualquier otra que haya en la Tierra. Las del resto de civilizaciones son una clara preparación del cadáver para el más allá, sepultando a este para que su alma tome rumbo al mundo de los espíritus. En cambio estos hombres

> ...convertían con el uso del barro a sus difuntos literalmente en estatuas, que es muy posible que convivieran con ellos durante muchos años, incluso siglos.

de la costa de Atacama convertían con el uso del barro a sus difuntos literalmente en estatuas, que es muy posible que convivieran con ellos durante muchos años, incluso siglos. Algo parecido a lo que hacían los antiguos incas con los cuerpos de sus emperadores, conocidos como las mallquis, que llegaban incluso a procesionar en fechas señaladas. Ello se desprende de que en los enterramientos hallados de momias de chinchorro se mezclan hombres, mujeres y niños que se ha demostrado ya no sólo que no eran familia, sino que además entre unas y otras había incluso siglos de diferencia, sin que sepamos todavía el por qué.

La preparación de los finados de esta forma además parece que era muy usual, no estando reservada a personajes destacables, sino que se practicaba a todos los miembros del clan. Muchas de ellas estaban sepultadas a tan sólo 10 centímetros de profundidad, así que más que enterradas es posible incluso que sencillamente fueran dejadas ahí sin más, como fue olvidada también su cultura. Hoy en día, ciudades como Árica, en Chile, podemos decir que están construidas literalmente encima de un gran cementerio de miles de años. En abril de 1.983 un grupo de operarios del servicio de aguas de la ciudad descubrió por casualidad un enterramiento con 96 momias en un banco arenoso de un cerro conocido como El Morro. Ese es el momento donde este tipo de momias y la civilización que las creó reaparece en la historia.

Las personas de la cultura Chinchorro tenían una vida muy sencilla, aunque dura, a la orilla de un mar que les proveía de prácticamente todo. Vivían en chozas de palos recubiertas de piel de lobo marino, no conocían el metal, la agricultura,

09 La memoria olvidada

ni tan siquiera el telar. De una manera muy rudimentaria hicieron anzuelos con conchas marinas sujetos con hilos finos hechos a base de fibra vegetal y pelo humano. Arpones de madera, lanzas y flechas componían el resto de su escaso arsenal, no necesitaban más. Las playas en las que habitaban estaban tan rebosantes de vida que la pesca era abundante. Cazaban además aves marinas, focas y lobos de mar y eran grandes mariscadores. Muchos de los hombres de esta civilización llegaban a su madurez completamente sordos debido a que buceaban a grandes profundidades a pulmón. Así, diversos cráneos encontrados en la actualidad presentan una malformación denominada "osteoma del conducto externo", que impide una correcta audición. Sumergirse en busca de crustáceos y marisco cerca de la costa les dio un aporte proteico importante, pero mermó tremendamente su salud, ya que a la sordera hay que añadir que muchos de ellos quedarían prácticamente ciegos por estar abriendo los ojos continuamente bajo aguas saladas para así agarrar sus presas, algo que sucedía hasta hace pocas décadas en muchos lugares del mundo.

No nos engañemos, por tanto, los chinchorro son un pueblo que no hubiera pasado a la historia si no es por sus momias. Sus logros tecnológicos fueron prácticamente nulos y si los tuvieron de

algún otro tipo la historia sencillamente los borró. Sin embargo, su forma de afrontar la muerte es única en la Tierra y sigue en la actualidad arrojando gran cantidad de interrogantes. Aunque durante dos mil años secaron los cuerpos de sus congéneres de manera natural, su proceso de momificación artificial, que se prolongó por un periodo que duró casi cuatro milenios, es uno de los más complejos que jamás haya ideado el hombre. Suprimir los tejidos blandos en su totalidad, reforzar los huesos con cuerdas y ataduras, esculpir en barro una nueva anatomía, vestirla con la piel ya seca y darle otra capa de sustancia para conservar ha hecho que estos cuerpos lleguen en buen estado a nuestros días, siete mil años más tarde de su fallecimiento. Lo más curioso de esta historia es que no hay una serie de ensayos anteriores a la creación de esta compleja técnica, aparece ya muy bien desarrollada y sus resultados están a la vista. Tampoco sabemos qué función ritual tenían las momias, su aspecto de estatua y el hecho de que los enterramientos sean a pocos centímetros nos hace pensar que, más que una manera de mandar los muertos al más allá, fue una forma de conservar a los seres queridos dentro del clan. Es muy posible que estas esculturas de muertos fueran conservadas por los familiares de los mismos dentro de sus cabañas o puestas en un lugar destacado donde se las podía venerar e incluso quién sabe si consultar.

09 La memoria olvidada

El hecho de que se les quitara al finado toda la masa muscular ha hecho pensar a algún antropólogo que era debido a que los chinchorro eran caníbales. Jamás podremos saberlo, en mi caso pienso que, de ser así, la carne no se comería cruda sin más. Igual que otras tribus como los piaroa, un pueblo amazónico, cocinarían al fallecido para luego engullir sus cenizas junto a otros alimentos. Esto pudiera ser mucho más adecuado, además el hecho de que los huesos hayan pasado por el fuego refuerza esta tesis, pero nos seguimos moviendo en el terreno de la conjetura.

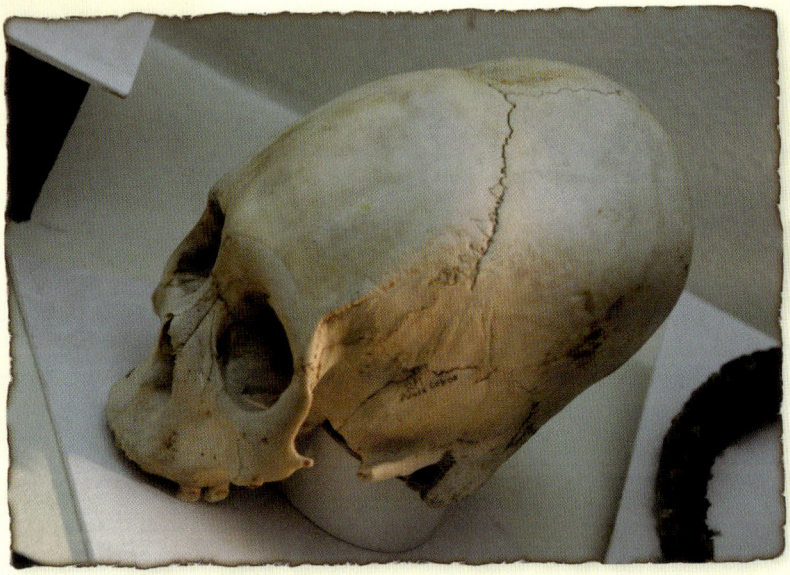

Las momias chinchorro son de varios tipos, las más conocidas son las denominadas "negras", su elaboración se la relaté al comienzo de este epígrafe. Además son las más complejas y a la vez más antiguas. Después de dos mil años, se empezaron a diseñar momias "rojas". En ellas el cuerpo se descarnaba por varias incisiones y después de estar seca la piel se le ponía por encima una capa de barro de color rojizo, aunque las máscara y los órganos genitales de las mismas estaban realizadas con la misma mezcla que sus predecesoras, arcilla con óxido de manganeso. Las últimas en aparecer fueron las llamadas "vendadas", hechas también con una técnica

Expedición a los **mundos perdidos**

similar pero aquí el cuerpo del difunto era vendado con tiras de piel humana o de animal, generalmente lobo marino. Aunque para mi las más intrigantes con diferencia son la conocidas por el nombre de "momias estatuilla". Pertenecen a la familia de las negras y están hechas con los cuerpos de los no nacidos. Miden tan sólo entre 17 y 30 centímetros. Para que el feto quedara perfecto y se pudiera momificar se utilizaban además de sus propios huesos otros pequeños de aves marinas. De esta forma el que nunca estuvo vivo podía ocupar su lugar en la tierra. Este es otro de los detalles que me empuja a pensar que las momias chinchorro servían para algo más que ir al más allá, teniendo un lugar muy importante dentro del día a día del clan.

Cuando las tuve delante en varios museos de Chile no tuve la visión morbosa que me han dado otras que he podido contemplar en mis viajes. Me impactaron sus máscaras de barro oscuro. Pues algunos de sus rostros modelados denotan tranquilidad, otras asombro, algunas paz y otras incluso solemnidad. Es como si el artista hubiera querido reflejar de manera esquemática parte del alma real del difunto. Jamás las momias me dieron miedo, quizás sí compasión, porque cuando las miro veo un reflejo de mí mismo: de mi ánimo como humano de burlar la muerte que un día irremediablemente me hallará. Son pues un recuerdo entrañable, fruto del cariño que los vivos sienten por el que se va. Aunque en este caso, gracias a esa labor, hemos conocido algo más de aquellos hombres que se adaptaron a un mar bondadoso. Un océano que los dejó ciegos y sordos, y que a la vez les otorgó la eternidad.

09 La memoria olvidada

El desafío de Pascua

Nada hacía pensar que aquella mañana iba a ser diferente. La tripulación palpaba el tedio y la desesperante calma empujaba a la pequeña flota de tres barcos de una forma más que lenta, torturadora. No en vano por algo llamaban a aquel océano Pacífico. Y

Expedición a los **mundos perdidos**

fue justo ahí, en medio de un silencio desesperante, cuando la voz de un vigía gritó una frase que no por tópica deja de ser importante: *"¡Tierra a la vista!"*. *"Es imposible"*, pensó el capitán. Las cartas de navegación no reflejaban ninguna isla en aquel lugar alejado de cualquier ruta comercial. Sin embargo, el verdor de unas hermosas praderas era claramente visible en el horizonte...

09 La memoria olvidada

No podemos saberlo con total rigurosidad, pero más o menos debió suceder así. Fue una fresca mañana del 6 de abril de 1.722 cuando el almirante holandés Roggwen se dio de bruces con un trozo de tierra que no figuraba hasta entonces en ningún mapa. Me hubiera gustado continuar el relato comentando lo emotivo de este primer encuentro, pero la realidad fue muy diferente. Los marinos llegados de lejanas tierras bajaron a la playa fusil en mano asesinando de forma indiscriminada a cuantos se cruzaban en su camino. Saquearon y destrozaron cuanto pudieron, marchando a las pocas horas de aquel paradisíaco lugar. No mostraron ni un ápice de interés por la cultura con la que se toparon e incluso describieron a los moais, las enormes estatuas de la isla, como simples figuras de arcilla, cuando en realidad estaban esculpidas en roca. En resumen, todo un cúmulo de despropósitos que nos trasladan a un tiempo donde lo único que importaba era la ley del más fuerte.

Si existe un lugar aislado en la Tierra, ése es la Isla de Pascua. A más de tres mil kilómetros de las costas americanas y a dos mil trescientos de la Polinesia, Pascua constituye una mota de polvo escondida en el centro de un inmenso mar. Seguramente por eso sus habitantes, conscientes de su peculiar situación geográfica, llamaban a su hogar Rapanui o *"Te pito te henua"*, que significa "el ombligo del mundo", y en verdad con los datos en la mano su hogar es el sitio más solitario de nuestro planeta. Llegaron incluso a pensar que eran los únicos seres humanos de la Tierra y que más allá de su isla

Expedición a los mundos perdidos

> La tradición oral de la isla, recogida por el padre jesuita Sebastián Anglert (1885 - 1969), dejó clara la existencia de dos pueblos diferentes, los hanau eepe, o "pueblo delgado", y los hanau momoko, o "pueblo robusto".

no existía nada. Para ellos el mundo se ceñía a aquella porción de terreno. Durante casi mil quinientos años habitaron aquellos parajes en total soledad, creando unos complejos ritos. Sin embargo, a pesar de lo remoto, en él se dieron cita dos culturas tribales radicalmente diferentes, que con el paso del tiempo se fundieron dando lugar a la civilización pascuense, tal y como hoy en día la conocemos. Los dos clanes que arribaron hasta estas costas eran muy distintos, unos bravos guerreros maoríes, los otros el resto de una civilización desconocida, pues hasta ahora el trabajo de arqueólogos y antropólogos no ha podido descifrar su enigmático origen. No queda de este pasado testimonio escrito alguno —salvo unas tablillas indescifrables de las que más tarde hablaremos—, con lo que reconstruir la historia de Rapanui se convierte en un desafío para aquellos que se adentran en sus misterios.

La tradición oral de la isla, recogida por el padre jesuita Sebastián Anglert (1.885 - 1.969), dejó clara la existencia de dos pueblos diferentes, los *hanau eepe*, o "pueblo delgado", y los *hanau momoko*, o "pueblo robusto", mal traducidas estas palabras pues en un primer momento los eruditos las transcribieron como "orejas cortas" y "orejas largas", acepción que todavía puede leerse en algunos libros de historia.

313

09 La memoria olvidada

El lugar de origen de los primeros, "el pueblo delgado", de piel más clara que sus vecinos maoríes, sigue siendo un misterio que jamás nadie ha podido solucionar.

La tradición oral es la única que nos puede aportar pistas sobre el origen de los mismos. Las leyendas nos hablan de un mítico rey, Hotu Matua, figura clave para comprender el origen de la cultura pascuense. Este gobernaba en un lugar llamado Hiva y un terrible problema empezó a acuciarlo a él y a todo su pueblo: pudieron contemplar cómo el mar poco a poco se iba tragando la tierra que pisaban, con lo que decidió mandar a varios de sus guerreros en busca de un nuevo hogar. Los hombres que mandó regresaron al cabo del tiempo tras haber descubierto Rapanui. Entonces el rey junto con todo su pueblo se embarcó en dos piraguas y emigraron para siempre.

Justo en medio del mar, cuando se dieron la vuelta, pudieron contemplar cómo las aguas se tragaban a Hiva sin que de ella quedara ningún rastro. Desembarcaron en el ombligo del mundo en una

playa de fina arena a la que bautizaron con el nombre de Anakena, que significa "julio", en recuerdo del mes en que llegaron a su nueva casa, estableciéndose allí para siempre. Según reza la tradición, en aquella mítica expedición tan sólo iban varones, con lo que es posible que los tripulantes de aquellos barcos huyesen de alguna guerra o quizás pretendiesen esconderse de alguien que los persiguió. Mejor sitio para refugiarse no existe en todo el planeta, ya que dar con él es casi imposible. Tan sólo un problema, y es que aquel lugar además de su escondite también se convirtió en su eterna prisión, pues salir de él en una embarcación

rústica es una tarea muy complicada. Más tarde se mezclaron con las mujeres de los *hanua momoko*, que sí eran de ascendencia maorí y casi con toda seguridad provenían de las Islas Marquesas, donde los aborígenes se practican de igual forma largas deformaciones en los lóbulos de las orejas. Este mestizaje dio lugar a la cultura que hoy conocemos. Una historia como vemos singular, de la que todavía quedan muchos cabos sueltos y que oculta tras de sí muchos más enigmas.

Gigantes con ojos de coral

Su imagen icónica ha dado la vuelta al mundo, pero nadie sabe con precisión qué son, menos aún qué simbolizan y por qué se dedicó tanto esfuerzo a su fabricación. El tercer nombre que los aborígenes dan a su isla es el de Matakiterangi, que significa "ojos que miran al cielo". Esta denominación surge de la postura que tienen las enormes estatuas de piedra, los moai, cuya pétrea mirada está fijamente clavada en el firmamento.

09 La memoria olvidada

Existen repartidos por la isla alrededor de mil moais, además de unos cuatrocientos en construcción. No podemos saber el número con exactitud, porque muchos de ellos están semidestruidos, sin contar los que hoy continúan descubriéndose en diferentes excavaciones arqueológicas. La gran mayoría de las figuras representan al mismo ser: la mandíbula es ancha, la nariz larga y fina, la frente prominente y las orejas extremadamente largas. Son claramente diferenciables los antiguos de los modernos, pues la factura de los primitivos es más tosca, además de que la nariz suele ser mucho más ancha, casi recordando a la de los negroides africanos. Respecto al cuerpo, la talla es bastante sencilla, tan sólo hay que destacar la presencia de un hami o taparrabo sagrado, los brazos se pegan

al tronco con elegancia, casi integrándose en el resto del cuerpo; y las manos son muy largas, terminando en unos dedos puntiagudos.

Así son la gran mayoría de estatuas de piedra que hay en la isla, aunque también han aparecido algunos moais que no tienen que ver con lo anteriormente descrito. A destacar dos que podemos ver en una ladera de Rano Raraku, uno de ellos con forma de mujer, mientras que otro representa un rostro masculino tocado con barba osiriaca. Esta perilla típica de los faraones egipcios se encuentra además en una variedad de figuras muy poco conocida, los moai Kava-Kava, pequeñas tallas de madera que representan a seres famélicos. Según la tradición oral de la isla estas figuras comenzó a

09 La memoria olvidada

hacerlas un antiguo artesano, Tu'u Ko Iho, tras encontrarse con dos demonios que dormían plácidamente en el campo.

> El tamaño de estos gigantes varía entre los dos y diez metros, y su peso puede llegar a las veinte toneladas.

Casi la totalidad de los moai ha salido de la cantera de Rano Raraku, que formaba parte de un volcán apagado. En ella todavía hoy podemos contemplar un buen número que se abandonaron en plena construcción. El tamaño de estos gigantes varía entre los dos y diez metros, y su peso puede llegar a las veinte toneladas. Esto dentro de las medidas que podemos tomar como usuales, pues en la antigua cantera hay uno inacabado que mide veinte metros y pesa alrededor de 270 toneladas. Lo que más sorprende del número de estatuas construidas y de su volumen es que en la isla se estima que la población no sobrepasó los cinco mil habitantes, con lo que la construcción de estos gigantes debió tener ocupada a más de la mitad de los aborígenes. Era casi una obsesión por parte de los antiguos habitantes de Matakiterangi hacer el mayor número de moai posibles, lo que prueba a todas luces el significado trascendente que debieron tener, aunque su función haya caído hoy en el olvido.

Expedición a los **mundos perdidos**

Mucho se ha especulado sobre la forma en que los primitivos pascuenses lograron construir y sobre todo transportar tales moles de piedra. Para unos fue gracias a la utilización de rodillos de madera, para otros se acolchaba el camino con hierbas y tubérculos, y los más avispados idearon incluso un sistema con maderos en aspa que basculaban los moai casi como si fuesen andando. Todas estas teorías quedaban perfectas sobre el papel; o en la práctica, utilizando figuras de cemento de muy poco peso y con un terreno llano los sistemas incluso funcionaban. Pero todos olvidaban uno de los principales problemas que suponía la construcción de uno de éstos colosos de piedra, y es que están hechos de roca volcánica tremendamente frágil. No sólo porque se rompe con gran facilidad, sino también porque se raya a la más mínima presión.

09 La memoria olvidada

¿Cómo explicar entonces que estos gigantes no tengan ni el más mínimo rasguño, después de haber sido transportados distancias de hasta ocho kilómetros? Con otro problema añadido, los moais que se han encontrado a medio camino entre la cantera y su destino tenían la nariz apuntando al suelo, con lo que cualquier sistema de rodillos se hubiera hecho inútil. Además, no había árboles en Pascua cuando llegaron los europeos, tan sólo un arbusto, el toromiro, crecía en la isla.

Otro de los misterios que subsiste a las grandes estatuas es la colocación del *pukao*, o gran roca cilíndrica de achicoria rosa que muchos de ellos portan encima de su cabeza. No se antoja nada fácil elevar hasta diez metros de altura un peso de hasta once toneladas, como es el caso del pukao de Te Pito Kura. Existen en la isla alrededor de 100 de estos gigantescos sombreros, todos ellos extraídos de la cantera de Puna Pau. No se sabe tampoco cuál era su función, si bien era simbólica, ceremonial, o simplemente un mero adorno. Muchos explicaron su colocación intentando defender que debían estar atados a la estatua antes de que esta fuera levantada, pero amarrar un peso tan grande no sólo es muy complicado, sino que además nos queda el problema que supone a la estabilidad del coloso debido a su altura. Lo único cierto es que tan sólo aparecen en los *ahu* o altares, con lo que su ubicación bien pudo esta relacionada con motivos de solemnidad festiva o tribal.

Si estos son los enigmas que se deducen de la construcción y el transporte de los moais, no le andan a la zaga los problemas que plantean el significado y la simbología mágica de los mismos. Debajo de alguno de los gigantes de piedra se han encontrado varias tumbas, pero el número es tan ínfimo que no indica de ninguna forma una utilidad funeraria de los mismos. Sobre su aspecto religioso tampoco hay nada claro, aunque lo que sí es fácilmente deducible es que su significado mágico era crucial para el pueblo pascuense. Cuando los moais eran tallados en la cantera llevaban los ojos cerrados, y no se les abrían hasta que eran plantados

Cuando los moais eran tallados en la cantera llevaban los ojos cerrados, y no se les abrían hasta que eran plantados en su altar. Justo en ese instante se le ponían unos globos oculares hechos de coral con unas pupilas de piedra.

en su altar. Justo en ese instante se le ponían unos globos oculares hechos de coral con unas pupilas de piedra. Este sorprendente descubrimiento es relativamente reciente, no fue hasta 1.978 durante la excavación de unas ruinas en la playa de Anakena, que los arqueólogos encontraron un gigantesco ojo finamente labrado debajo de una estatua. Éste además, encajaba perfectamente en la cuenca de la misma, con lo que no quedó duda alguna acerca de su lugar de procedencia.

Para dar mayor misterio a todo este asunto, nada más que echar mano de la tradición oral. Ésta nos dice que los moais eran transportados hasta sus altares gracias al mana, una fuerza sobrenatural que únicamente conocían los sumos sacerdotes, una energía desconocida que hacía que las figuras caminaran solas hasta el sitio que definitivamente les correspondía. Lo cierto, tal y como he dicho antes, es que hay algunos factores que nos indican que los moai se trasladaban erguidos, algo incongruente desde un punto de vista técnico. Pero por encima de todo, ellos siguen ahí. Son más de mil enigmas que siguen desafiando la lógica y la ciencia. Su simple existencia otorga más misterio aún si cabe al origen del pueblo que arribó a esta isla hace casi dos milenios pues, además de no saber de dónde vinieron, su tecnología presenta desafíos que jamás nadie ha podido explicar.

La memoria olvidada

Cuando los españoles llegaron a Pascua el 20 de noviembre de 1.770 se reunieron con los caciques locales y firmaron un acuerdo rebautizando aquel pedazo de tierra como Isla de San Carlos. El almirante de la expedición, Felipe González de Haedo, tomó posesión del sitio y ahí comenzó el declive definitivo de su cultura.

A mediados del siglo XIX el fraile Eugenio Eyrad se percató de que algunos aborígenes conservaban unas tablas de madera escritas con símbolos desconocidos, pero ya era demasiado tarde y los

Expedición a los **mundos perdidos**

escasos cientos de supervivientes de la barbarie española no sabían cómo leer lo que narraban aquellos maderos. La escritura pascuense cayó en el olvido hasta que un erudito francés, PaulPelliot, la comparó a comienzos del siglo XX con la de otra cultura muy alejada en el tiempo y en el espacio geográfico. Muchos de los signos que allí aparecían eran idénticos a los utilizados hace cinco mil años en las ciudades de Mohenho Daro y Harapa, situadas en el Valle del Indo, dentro de la actual Pakistán. Ninguna de las dos escrituras se ha podido traducir jamás, pero este estudio puede arrojar luz algún día sobre el origen del misterioso pueblo pascuense.

09 La memoria olvidada

Todo en la Isla de Pascua es misterio. El origen de sus pobladores, la barbarie de los rituales que celebraban sus habitantes polinesios. Mitad ceremonia, mitad competición, el festival conocido como *tangata manu* u hombre pájaro. Allí un grupo de competidores que representaban a varios caciques iba nadando hasta los islotes Motu Nui y Motu Iti para recoger el primer huevo de rabihorcado de la temporada. El que sobrevivía a las caídas por los acantilados y a la voracidad de los tiburones, regresando con el preciado trofeo, escogía al regente de la isla por un año. Ceremonia única en el mundo y que no tiene comparación con otras de la Polinesia, cuyo origen también se desconoce.

La Isla de Pascua es así, mágica y misteriosa como ninguna otra he visitado en el mundo. Siempre soñé caminar por ella y ese sueño casi me cuesta la vida. En la cueva de Ana Te Pahu sufrí una caída desde más de cuatro metros de altura que me cambió para siempre, pues me di cuenta de que soy mortal, como el resto de seres humanos. Todavía no sé cómo no me partí la espalda o cómo no llegué a golpear mi cabeza con el suelo, hecho que hubiera sido más que fatal. Todos los que iban en el equipo de rodaje, incluidos los periodistas y presentadores de televisión Iker Jiménez y Carmen Porter, se portaron conmigo como auténticos hermanos. Salí de la cueva en estado de shock y me quedé como una hora solo

Expedición a los **mundos perdidos**

325

09 La memoria olvidada

contemplando el altar de moáis de Ahu Akivi. Después del golpe emocional que supuso en su momento enterrar a toda mi familia, se me olvidó que yo un día también iré al más allá. Mirando aquellos rostros de piedra quizás entendí su mensaje: sólo la roca es eterna, los hombres no.

Allí sentado pensé que si no había muerto sería por algo, el único don que Dios me ha dado es el de contar historias. Creo que es de lo poco que hago bien, así que tenía que consagrar el resto de mi vida a ello. Intentar decirle a la gente que el mundo es maravilloso, que está repleto de historias mágicas que merece la pena rescatar y vivir. La última secuela de aquel golpe es este libro, el que ahora mismo tienen en sus manos.

Después de mi caída fui a ver al tatuador de la isla, le conté mi vida y lo que me había pasado, y con toda esa información diseñó un dibujo que ahora cubre mi hombro derecho. Todas las mañanas lo veo cuando me miro al espejo y me recuerda que un día me iré, pero creo que hoy no. Hoy merece la pena luchar por los sueños, por aquellas cosas que me hacen sentir vivo. Posiblemente esta actitud idealista me lleve a la ruina, pero jamás nadie me dirá que no he vivido, que no me esforcé en ser mejor persona, mejor compañero, mejor amigo.

De esta forma entendí el mensaje de la Isla de Pascua, pues su magia reside en que es incomprensible, como la vida misma. Una vida que seguro empieza y acaba; lo que hagamos en medio es cosa nuestra.

10 Más allá del hielo

Navego por un mar helado coronado por un eterno sol de media noche. La quilla del barco va rompiendo los bloques de hielo y su estruendo me recuerda a los gritos de los bravos guerreros que hace siglos surcaron estas mismas aguas. Estoy a algo menos de treinta grados bajo cero y el viento gélido hiere mis mejillas, pero renuncio a irme al camarote porque contemplando el paisaje duro y salvaje de las islas Lofoten me siento libre, como tocado por la mano de antiguos y poderosos dioses. Cierro los ojos y miro atrás, hasta hace más de mil años, pues quiero llegar a comprenderlos. Pero sólo

10 Más allá del hielo

siento frío, nada me responde. Después de un par de minutos, vuelvo a abrir los ojos y contemplo cómo el pincel ocre del atardecer va manchando el blanco inmaculado de los témpanos de hielo. Es tan hermoso lo que veo que creo que por fin entiendo lo que aquellos hombres salvajes quisieron demostrarle al mundo. Tan sólo quisieron gritar a los cuatro vientos una cosa: que en una Europa dominada por la infamia y el feudalismo ellos eran libres.

Las costas de Noruega son hoy en día la última frontera natural del viejo continente. Un litoral limpio plagado de hermosos parajes apenas tocados por la mano del hombre. Navegar por el Ártico y el mar de Barens finalizando el invierno es uno de los mayores espectáculos paisajísticos que puede experimentar un viajero. Pero mi periplo por tierras del norte se debe a otros motivos: entender una de las culturas más fascinantes que haya existido sobre la faz de la Tierra, la vikinga, e indagar en la vida de algunos hombres que fueron capaces, por sí solos, de cambiar la historia.

Los demonios del norte

El llanto de la nueva criatura rompe el silencio nocturno de la aldea. Su madre exhausta se queda en la cama acompañada por la comadrona mientras su padre, un hombre rudo de larga barba y cabello rubio ensortijado, sale de la cabaña adentrándose en el bosque. Su nuevo vástago es un varón, su llanto no cesa pero él hace caso omiso de las quejas del recién nacido. Lo porta con orgullo, envuelto en una piel de oso. Cuando llega junto al fresno sagrado, corta una rama y deposita a su hijo en un suelo gélido. Coge entonces la rama y la sumerge en un arroyo cercano. Destapa a su hijo y examina su cuerpo centímetro a centímetro. Si observase cualquier anomalía en su físico o una tara que lo hiciera inválido para la guerra, lo abandonará para que sea devorado por los lobos. Después de unos minutos de tensión su padre sonríe. Su vástago es digno de su estirpe. Un varón sano, que un día no muy lejano se convertirá en un guerrero al que muchos temerán. Coge de nuevo la rama mojada y sobre el cuerpo totalmente desnudo de su hijo hace una cruz invertida con las gotas que chorrean por las hojas del fresno. El signo de Thor y su fuerza le protegerán de esta forma para toda la eternidad. Para acabar el rito el padre coge a su hijo con sus manos y lo eleva al firmamento. Mirando a las estrellas pronunciará por primera vez el nombre de su pupilo, consagrando la vida de su hijo a los mismos dioses a los que sirve su pueblo. Ya es uno más del clan y su vínculo se sellará años más tarde con sangre de enemigos derramada en la batalla.

10 Más allá del hielo

> ...las tribus vikingas comienzan a formarse entorno al siglo III después de Cristo por diferentes migraciones de pueblos germánicos.

Así era un bautizo vikingo, así llegaban al mundo y eran examinados los que fueron durante tres siglos el terror del mundo conocido. El ritual se hacía el noveno día después del nacimiento, una jornada clave pues condenaba a muerte al recién nacido o lo convertía en miembro del clan de por vida.

Es muy difícil juzgar los actos de aquellos hombres casi mil años después de sus existencia. Los vikingos fueron asesinos, saqueadores, violadores, ladrones... Fueron muchas cosas terribles, pero por encima de todo fueron libres. Por eso la fascinación por sus hazañas, por sus viajes y expediciones a lo desconocido ha perdurado tanto tiempo. Poco o prácticamente nada sabemos sobre la historia de este pueblo hasta que no comenzaron sus ataques a finales del siglo VIII. Casi todos los historiadores están de acuerdo en que las tribus vikingas comienzan a formarse en torno al siglo III después de Cristo por diferentes migraciones de pueblos germánicos. Con estos comparten una lengua con base común y también una escritura basada en caracteres rúnicos. Es fácil pensar que hasta lugares tan inhóspitos, donde soportar el frío era ya toda una hazaña, llegaron sólo familias y clanes de marginados y condenados sin que sepamos por qué. Personas expulsadas, parias que debían abandonar todo lo que tenían para adaptarse a un entorno inhóspito como pocos en la Tierra.

Nada ha quedado escrito de aquella migración, el caso es que cuatrocientos años más tarde, aquella gente le plantó cara a su cruel destino y pareciera que intentaron vengarse del mundo. El caso es que justo cuando Europa cae en un periodo denominado por los historiadores como "la época oscura", donde el feudalismo sustituye a la esclavitud y no queda hueco para el conocimiento y la ciencia, ellos emprenden una nueva forma de vida marcada por una nueva religión y una espiritualidad que sacralizaba la guerra. Todos los indicios apuntan a que los vikingos en sus cuatrocientos primeros años de historia eran un grupo de pueblos semi nómadas que pastoreaban y pescaban por la Península Escandinava y Dinamarca, desarrollando un tímido comercio. Así lo atestiguan algunas crónicas árabes. Estos textos describen a sus mujeres como seres especialmente hermosos y a sus hombres de un tamaño mayor a la media de aquella época. Todos ellos barbados, bien aseados y diestros en el uso de las armas.

Pero el gran misterio de los vikingos continúa siendo la transformación que se apoderó de ellos al final del siglo VIII, pues habían pasado prácticamente desapercibidos para la historia hasta el día 8 de junio del año

...el 8 de junio de 793 después de Cristo fue su primer saqueo, en concreto el del Monasterio de Lindisfarne en las costas de Gran Bretaña.

10 Más allá del hielo

793 después de Cristo, momento que marca su primer saqueo, en concreto el del Monasterio de Lindisfarne en las costas de Gran Bretaña. Algunos de los monjes supervivientes los describían como demonios por su fiereza en el ataque, y fueron ellos los que acuñaron una plegaria que se escuchó por tres siglos en medio mundo: "*A furare normannorum libera nos Domine*", que significa literalmente: "de la ira de los hombres del norte líbranos Señor". El terror fue un arma que los vikingos explotaron con gran inteligencia, así diseñaron algunos clanes de guerreros que más que para la batalla servían para provocar el pánico en sus oponentes, tal y como contaré más tarde. Mucho se ha especulado acerca de qué fue lo que impulsó a

estos hombres a salir de su gélido reducto para comenzar una época marcada por la sangre. Algunos historiadores afirman que tal hecho se produjo por una super población de la zona; en mi modesta opinión fue su religión lo que hizo que sus saqueos y sus hazañas hayan llegado hasta nuestros días.

El origen de lo vikingo es claramente celta y germánico, sin embargo en tierras escandinavas se fue forjando una religión que al final fue muy distinta a la de otros pueblos nórdicos. Unas creencias que se basaban en la única certeza que existe en la vida de un hombre, y es que un día éste se va a enfrentar a la muerte. En cierta medida, aunque muy distinto en cuanto a la forma, los vikingos hicieron lo que los samuráis desarrollaron por la misma época en Japón: un concepto de existencia donde el enfrentamiento con la muerte era algo ineludible y determinante de nuestros actos. A partir de los cuarenta años cualquier vikingo se iba a enfrentar a los terribles dolores de la artrosis y a una vida indigna, siendo una carga para los demás. Era mejor morir en batalla, ganándose un puesto de honor en la eternidad mientras que se regalaba a los descendientes las riquezas obtenidas en el saqueo. Nos puede parecer cruel, incluso cínico, pero no deja de ser una postura inteligente cuando uno y los suyos están expuestos a condiciones extremas.

La riqueza de la religión vikinga es realmente fascinante, no es de extrañar pues que diferentes obras de ciencia ficción se basen en su cosmología y en su cosmogonía. O, dicho de otra forma, en su visión del universo y en cómo se regía éste a través del poder de sus dioses. El cosmos se sustentaba sobre

> *El origen de lo vikingo es claramente celta y germánico, sin embargo en tierras escandinavas se fue forjando una religión que al final fue muy distinta a la de otros pueblos nórdicos.*

el Yggdrasil, el fresno sagrado, y sobre sus fuertes ramas y raíces recaía el peso de los nueve mundos conocidos. Uno de ellos, el de los hombres o Midgar. Los dioses vivían en el Asgard, regentado por Odín, padre de todos ellos. Al contrario de lo que muchos piensan, Odín no era el dios de la guerra, este título lo ostentaba el sanguinario Tyr. Al padre de todos los dioses le faltaba un ojo que le fue arrancado por beber del pozo de la sabiduría o Mimir. También era conocido como Wotan y gracias a sus conocimientos se encargaba de mantener el equilibrio entre todos los mundos. Su hijo Thor era el más poderoso de todos los seres divinos, señor del trueno, y su fuerza era tal que no podía vivir en el Asgard y tenía una casa junto a éste que se conocía como el Pruoheimr. Su martillo, el Mjolnir, provocaba los rayos y truenos que se ven por la noche en las madrugadas de tormenta. Y su cinturón, el Megingjord, le daba un poder especial que lo hacía prácticamente invencible.

La realidad es que los vikingos crearon una religión que era en sí misma un mundo de aventura, epopeya y leyenda. Las walkirias vigilaban sus batallas acompañando hasta el Walhala, uno de los palacios de Odín, a los guerreros que habían fallecido con valor. Servía para esto morir con la espada o el hacha en la mano o estar manchado por la sangre de un enemigo. Allí hermosas mujeres les agasajarían con cerveza, hidromiel y jugosas viandas. Podrían emborracharse, divertirse y fornicar por largo tiempo, hasta que llegase la batalla final: el Ragnarok.

Otra de las creencias erróneas que existen sobre la mitología vikinga es que el banquete del Walhala iba a ser eterno. Allí los dioses sólo recibirían a los más valerosos porque llegaría un momento en que los Gigantes de Hielo que vivían en el mundo del Jotunhein, reclamarían el poder sobre todo el universo. Esta batalla entre las fuerzas del bien y del mal, conocida como Ragnarok, decidiría qué fuerzas son las que reinan sobre los nueve mundos, dando lugar un nuevo comienzo. Si Odín fallecía durante la misma, el único que podía reemplazarlo sería Balder, dios de la luz, la sabiduría y la verdad. En contra de lo que muchos piensan, los vikingos eran fieros guerreros, sí, pero no una pandilla de salvajes que renunciaban al conocimiento, la espiritualidad y la armonía.

Las creencias vikingas hicieron que sus clanes y sus guerreros no temieran a la muerte, viendo esta como una cita ineludible más en la vida. Su religión les otorgó el coraje necesario para enfrentarse a una Europa oscura y servil, emprendiendo expediciones que les llevarían incluso hasta América. Su forma de ver el paraíso, el Walhala, no resultaba tan espiritual y poética como la que nos proponen otros credos, tales como el cristianismo, el islam... Pero resulta, cuando menos, mucho más divertida. El caso es que mientras en el resto del continente un hombre debía entregar su mujer a su señor la primera noche de bodas, para cumplir con el derecho de pernada, un vikingo no debía humillarse ante nadie. Juzguen ustedes mismos cuál de las dos maneras de vivir es la más cruel y la más bárbara. Decidan en qué parte de la vieja Europa hubieran preferido vivir de haber nacido en el siglo VIII después de Cristo.

Expedición a los **mundos perdidos**

Rumbo al fin del mundo

La expansión y el poder vikingo se basaron en su dominio de la navegación. Los hombres del norte crearon los barcos más manejables y rápidos de la época: los *drakar* o barcos de dragón. Se les llamaba así porque la ornamentación de la proa solía terminar con una talla de madera que representaba la cabeza de este animal mitológico.

Los *drakar* supusieron toda una revolución en la tecnología marítima, maniobraban con mayor rapidez que cualquier otra nave y eran transportables por tierra gracias a su peso liviano. Además su escaso calado hacía que pudieran remontar los ríos con gran facilidad, pudiendo atacar así ciudades que hasta aquella fecha se tenían como seguras. Lo normal es que su tripulación fuera de entre veinte a treinta pares de remeros más algunos pocos hombres más para otorgar una mayor gobernabilidad. No tenían camarotes y el concepto de comodidad era inexistente. Los rudos hombres del norte combatían el frío y la lluvia con pieles y el calor del sol abrasador montando tenderetes con telas que les aliviaran las altas temperaturas. Si alguien moría en el viaje era inmediatamente arrojado por la borda, para que su cuerpo en descomposición no propagara enfermedades. La forma física de sus tripulantes era excepcional, pues maniobraban para los ataques a base de la fuerza de sus remeros, entrando luego en batalla sin tener descanso alguno, lo que en teoría daba cierta ventaja a sus contrincantes. Todos los drakar portaban una vela grande y cuadrada pintada a rayas que les daba mayor velocidad en las travesías, pero no era utilizada a la hora de abordar. Las expediciones vikingas podían llevar desde unos pocos barcos hasta más de trescientos. Los navegantes vikingos abrieron nuevas rutas marítimas y guiados por su espíritu de aventura y su ansia de saqueo arribaron hasta lugares apartados del Mediterráneo e incluso llegaron a asentarse en las costas de América del Norte.

Llegados a este punto merece la pena que hagamos hincapié en un tema polémico durante siglos que hoy deja poco lugar para la duda: y es el hecho de que los vikingos pisaron las costas americanas cinco siglos antes de que lo hiciera Cristóbal Colón. La

> *...Los vikingos pisaron las costas americanas cinco siglos antes de que lo hiciera Cristóbal Colón.*

historia que llevó a los vikingos hasta el Nuevo Mundo no es tan prosaica como la que más tarde protagonizaron los españoles en el descubrimiento. Todo comenzó por los problemas legales que se buscó el pirata noruego Erik el Rojo que, implicado en varios asesinatos, tuvo que huir de Islandia y de esta manera descubrió Groenlandia, que literalmente significa "tierra verde". Poco o nada de "tierra verde" es lo que nos puede ofrecer esta hermosa isla. El engaño de Erik el Rojo a la hora de bautizar aquel nuevo lugar se debió a que, poniendo un nombre de este tipo, pensó que era más fácil que hasta allí le siguieran sus secuaces. Si les hubiera narrado lo frío e inhóspito de su gran isla, pocos o ninguno le hubieran seguido. Tal descubrimiento se hizo el año 985 después de Cristo, pero la estancia de los vikingos en aquel lugar no tuvo que ser muy apacible. Quizás fue por ello por lo que en torno al año mil el segundo hijo de Erik el Rojo, Leif Eriksson, se hizo a la mar rumbo al oeste llegando a lo que son las actuales costas de la Península del Labrador y Terranova. Las sagas vikingas, escritas entre los siglos XII y XIV, nos cuentan esta epopeya con todo lujo de detalles. En ellas se narra cómo el joven Leif bautizó a aquellas tierras Vinlad, que literalmente significa "lugar del vino". Aquí nació una de las primeras controversias sobre la veracidad acerca de que los vikingos descubrieran el Nuevo Continente, y es que en las zonas mencionadas no crece uva silvestre apta para realizar este licor. Lo que olvidaron muchos historiadores en el pasado era que en la Península Escandinava se hacía vino con grosella, no con vid. Y grosellas silvestres sí que hay en la región a la que arribó el vástago de Erik el Rojo.

Parece ser que después del descubrimiento se hicieron más expediciones hasta las costas de Canadá e incluso hubo asentamientos, pero los colonos desistieron de quedarse allí por el hostigamiento que sufrían por parte de los nativos. A éstos los llamaban *skraeling*, todavía en islandés moderno esta palabra significa "bárbaro". Tal y como nos describen las sagas, los habitantes de Vinland era muy belicosos, no paraban de gritar, de asediar y de tirar flechas a sus nuevos vecinos. Los vikingos, hartos de tanta incomodidad y no viendo en aquella tierra más riqueza que la agricultura, decidieron abandonar Vinland para regresar de nuevo a su vida de aventura y piratería.

Ya en pleno siglo XX, en concreto en 1.960, el investigador noruego Helge Ingstad y su esposa la arqueóloga Anne Stine descubrieron en la punta septentrional de Terranova, en un lugar llamado L'Anse Aux Meadows, un grupo de túmulos cubiertos por la vegetación. Tras excavarlos encontraron diversos objetos para tejer, prueba de que el asentamiento estuvo habitado también por mujeres, y restos de 8 edificios que se correspondían con construcciones típicamente vikingas. Las pruebas de carbono 14 le dieron una antigüedad de mil años, coincidiendo las fechas con las referidas en las sagas. En 1.978 la UNESCO declaró el sitio patrimonio de la humanidad. Así reapareció en la historia la aldea de Leifbuoir, el asentamiento que Leif Eriksson estableció en América cinco siglos antes de la llegada de Cristóbal Colón.

Los guerreros de Odín

Los vikingos aterrorizaron al mundo conocido durante más de doscientos años por sus impredecibles saqueos y su fiereza en la batalla. El hecho de que para los hombres del norte la guerra fuera parte de su religión provocó que su determinación en el combate fuera muy superior a la de sus enemigos cristianos o musulmanes. Pero los vikingos no actuaban como descerebrados a la hora de atacar. Eran famosas su formaciones de escudos cerrados, donde los más jóvenes empuñaban las protecciones con fuerza mientras que los más diestros en el uso de las armas quedaban en retaguardia para castigar al enemigo. Actuaban con mayor velocidad que sus adversarios ya que no cargaban con el lastre de pesadas armaduras. Su destreza con la espada de doble filo traspasó fronteras y gracias a su hábil manejo provocaban terribles heridas y mutilaciones en sus contrincantes, tal y como atestiguan los esqueletos hallados de sus víctimas. También mostraban gran destreza en el uso del hacha; aunque las había de varios tipos ellos preferían las que tenían la hoja con forma de media luna, mortífera en las distancias

cortas. Sus arqueros llevaban en sus *carcaj* alrededor de cuarenta flechas con puntas distintas que serían utilizadas en función de las defensas de sus enemigos. Además eran hábiles lanzadores de piedras y manejaban la honda con gran precisión, este era por ejemplo su método preferido de ataque cuando asediaban a un barco contrario. Como

> *Eran famosas su formaciones de escudos cerrados, donde los más jóvenes empuñaban las protecciones con fuerza mientras que los más diestros en el uso de las armas quedaban en retaguardia para castigar al enemigo.*

podemos comprobar, la parte técnica de su lucha era muy completa para le época. Esto, sumado a la utilización de sus rápidos *drakar*, les convertían en adversarios muy difíciles de batir. Si embargo, el hecho de que sus hazañas hayan llegado hasta nuestros días no sólo está en función de su capacidad técnica de batalla, ya que la creación de castas especiales de guerreros fue lo que más impresionó a sus enemigos.

Ubicada entre la realidad y la leyenda, las rocas de los muros de Jomsborg albergaron la casta de soldados más temidos del mundo durante casi dos siglos. Hasta esta fortaleza, cuyos restos jamás han sido encontrados, acudían vikingos de diferentes lugares para consagrarse a la orden de los jomsvikings. Diferentes sagas, e incluso una escrita sólo para narrar las hazañas de estos hombres, nos corroboran la existencia de este mítico lugar. No podían ingresar menores de dieciocho años y los que lo hicieran no podrían abandonar la orden hasta los cincuenta. Los vikingos no estaban sometidos al régimen feudal que esclavizaba al resto de Europa, así que podían poner sus armas al servicio del caudillo que escogieran o consagrar su vida a esta orden que, adorando a Odín, prestaba sus servicios al mejor postor.

> *Si alguien era insultado o su honor mancillado, éste tenía derecho a retar al agresor, que no podía negarse al duelo ya que de lo contrario sería ejecutado.*

La única manera de entrar en la orden era la de salir vencedor de un duelo o *holmgang*. Las ofensas en la sociedad de los hombres del norte se pagaban con la vida y no importaba el rango o la capacidad económica. Si alguien era insultado o su honor mancillado, éste tenía derecho a retar al agresor, que no podía negarse al duelo ya que de lo contrario sería ejecutado. Los vencedores de estas gestas, si demostraban valentía y coraje, podían optar a ser admitidos en la mítica fortaleza de Jomsborg. Allí serían adiestrados en el uso de las armas, les serían conferidos los secretos de la guerra, tendrían acceso a la sabiduría de Odín y a la fuerza de Thor. Deberían acatar unas nuevas reglas de vida y si rompían alguna de ellas su castigo sería la muerte.

Poco o nada sabemos por desgracia de cómo era el adiestramiento de los *jomsvikings*, tan sólo que los reyes cristianos y los árabes pagaban auténticas fortunas para que un grupo de estos guerreros fueran su guardia personal durante unos años. De igual manera prestaban sus servicios a caciques vikingos o escuadrones enteros iban a la batalla si alguien, daba igual su credo o condición, pagaba su alto precio. Se sabe que algunas de sus normas inquebrantables era por ejemplo que estaba prohibido hablar mal de sus hermanos, no podían abandonar Jomsborg por más de tres días sin el consentimiento de la orden; estaban obligados a vengar la muerte de sus hermanos, así como a defenderlos; un jomsvikings no podía pelear contra otro de su misma clase; jamás podían ser capturados vivos, tan sólo su cadáver es lo que obtendrían de ellos sus enemigos; todas las riquezas obtenidas en los saqueos, así como la paga de mercenarios, se repartía de forma equitativa entre los miembros de la orden.

La leyenda de los jomsvikings llegó a ser tal que se convirtieron en los guerreros mejor pagados del mundo. Eso, más el poder que poco a poco fueron aglutinando, fue lo que debió preocupar a los caudillos vikingos que se propusieron terminar de una vez por todas con aquellos hombres que no rendían pleitesía nada más que a Odín y al resto de sus dioses. La casta de los más fabulosos soldados que haya existido en toda la Edad Media fue aniquilada el año 986 en la batalla de Hjorungavagr. Su fortaleza, la mítica Jomsborg, sencillamente borrada de la faz de la Tierra. Sin embargo, su leyenda, consagrada generación tras generación de manera oral y luego escrita en las sagas, se hizo eterna.

Más hacia lo chamánico y, aunque parezca imposible, todavía más misteriosos, fueron los berserker, los hijos del mismísimo Odín, que en muchas ocasiones acompañaban a la tropa. Su sola visión atemorizaba tanto a sus enemigos que en muchas ocasiones salían huyendo al ver a aquellos demonios insensibles al frío y al dolor. Todo lo que envuelve a estos guerreros está recubierto por la leyenda. Se sabe que no eran en ningún caso más de doce, aunque a veces iban menos. Cuando llegaba la hora de la batalla aparecían prácticamente desnudos hiciera el frío que hiciese, vestidos tan sólo con una piel de lobo o de oso. No obedecían a ninguna táctica de batalla ni a ningún orden. Saltaban de los *drakar* mordiendo sus escudos, dando gritos guturales y haciéndose cortes con sus espadas por el cuerpo. Así, manchados con su propia sangre,

> La casta de los más fabulosos soldados que haya existido en toda la Edad Media fue aniquilada el año 986 en la batalla de Hjorungavagr.

comenzaban a matar enemigos sin participar en las formaciones militares y ni tan siquiera el resto de vikingos les protegía o ayudaba en su locura guerrera. Es más, se apartaban de ellos pues no dudaban en matar incluso a otros vikingos si se cruzaban en su camino. Todo hace indicar que este grupo de elegidos que tenía todo clan que se preciase, eran escogidos desde niños y sus secretos pasaban de generación en generación. Las descripciones de sus ataques hace pensar que antes de la batalla consumían cerveza con cornezuelo de centeno, del que se obtiene el ácido lisérgico, mezclada probablemente con beleño. La sensación de ingravidez que provoca esta última planta es lo que hacía que se sintieran rápidos como el viento y el ácido lisérgico provocaba que no tuvieran dolor ni frío. El caso es que su aterradora visión mermaba la voluntad del enemigo, ya que los *berserker* iban siempre como avanzadilla. Nada sabemos acerca de sus ritos de iniciación ni de cómo era su especial hermandad con los dioses de la guerra, pero su fiereza y su desprecio por la vida, incluida la suya propia, aterró a todo aquel que un día tuvo que enfrentarse con ellos. Eran para tal menester seleccionados los más altos y fuertes de cada clan, de manera que el terror psicológico que provocaban fue capaz en muchas ocasiones de decidir batallas antes incluso de que estas se produjeran.

La sed de sangre de los vikingos parecía no tener fin y su terror una plaga que acosaría al mundo durante siglos. Jamás una espada dobló su voluntad, pero como toda cultura que haya existido tuvieron un final. Y no fueron guerreros más feroces que ellos los que terminaron con esta forma de vida consagrada a la aventura y al saqueo. Fue el poder de la cruz, la espiritualidad del cristianismo, la que los dividió y venció, rematando una de la epopeyas más increíbles de todos los tiempos.

Expedición a los **mundos perdidos**

De morir por la espada a morir por la cruz

La nieve la decora casi todo el año pues se encuentra a pocos kilómetros del círculo polar ártico. La catedral de Nidaros, en la actual ciudad de Trondheim, en Noruega, es el punto clave para comprender cómo el pueblo vikingo abandonó su sed de sangre convirtiéndose al cristianismo. Su fachada está decorada con decenas de estatuas que representan a santos y personajes clave en la historia de este país escandinavo. Lo extraño es que algunos de ellos en vez de portar cruces en sus manos llevan las armas con las que antes habían asesinado a incontables víctimas en sus saqueos. En la parte izquierda del frontis del edificio podemos contemplar la efigie de un hombre con la mirada perdida que con orgullo agarra una espada, a sus pies la cabeza

10 Más allá del hielo

arrancada de uno de sus mayores enemigos. Es el retrato póstumo de Olaf Trygvason, durante cinco años rey de Noruega.

Olaf I, nombre dinástico con el que pasó a la historia, tuvo una vida terrible marcada por las traiciones y la violencia. Huérfano desde muy niño, pues su padre fue asesinado por Harald Grafell, para que éste no pudiera hacer uso de sus derechos a tomar el mando del país, vivió en el exilio buena parte de su infancia. Su madre Astrid le educó como vikingo en la cuidad de Kiev. Le inculcó el espíritu de venganza, hizo que guerreros curtidos en mil batallas le enseñaran el uso de las armas. Convirtió su corazón en piedra y la piedad en una cualidad humana que tenía que ser condenada al olvido. Sólo el ansia de poder llenaba su espíritu.

Cuando llegó a la adolescencia partió con un pequeño grupo de hombres fieles al clan y comenzó el saqueo de diferentes ciudades en el mar Báltico. Pero su odio era tan sólo comparable a su inexperiencia. Así cayó cautivo de un jefe tribal estonio que lo convirtió en su esclavo. Su historia hubiera terminado allí de no ser por la fortuna. La casualidad quiso que uno de sus tíos pasase por el lugar

Expedición a los **mundos perdidos**

en el que Olaf estaba recluido y compró al muchacho junto con su hermano. Volvió a Rusia y consagró de nuevo su vida a la guerra. El mismísimo Odín parecía ayudarle, quizás no haya otra forma de explicarlo, pues en la ciudad de Novgorod se topó con Klerkon, el hombre que le había humillado convirtiéndolo en esclavo. Deslizándose con sigilo entre la gente del mercado, se acercó hasta él y le asesinó partiéndole la cabeza en dos con su hacha. Los hombres del jefe muerto le siguieron para vengarlo, pero Olaf tuvo tiempo para refugiarse en la casa de la reina y ésta pagó unas monedas a la turba para que se olvidaran del asunto. Un puñado de oro bastó para que los soldados zanjaran rápidamente el terrible final de su caudillo. Así era el mundo desmembrado y cruel de los vikingos.

El muchacho se fue haciendo hombre y decidió salir con otra pequeña flota a saquear cuantos puertos encontrara en su camino. Fue en ese periplo cuando conoció a su primera esposa, Geira, en las costas de Polonia. Allí se percató de que la diplomacia y la unión con familias poderosas le daría más riqueza que las pequeñas batallas. Durante unos años se dedicó a recaudar los impuestos que los cam-

349

pesinos y nobles le debían a su compañera de sangre real. El amor y la bonanza económica parecieron calmar su ira, pero la muerte de su amada en el año 984 volvieron a transformarle, aflorando otra vez el monstruo que llevaba dentro. Fallecida su esposa nada le ataba a tierra firme, así que armó unos cuantos *drakar* y partió de nuevo a la mar para volver a saquear y destrozar todo lo que encontrara a su paso. Pero algo inesperado sucedió. En las islas Sorlingas, pertenecientes a Gran Bretaña, se topó con un ermitaño que le vaticinó

que llegaría a ser rey. El extraño influjo de este hombre hizo que se convirtiera al cristianismo y se convenció para regresar a su país e imponer allí su nueva fe. Aunque para ello necesitaría un ejército. A esas alturas de su vida ya era adulto y muy astuto.

Desembarcó en la costa irlandesa y se casó con la hermana del rey de Dublín, Gyda, batiéndose en duelo con todo aquel que intentaba conseguir su amor. Cuentan las sagas escritas en su nombre que derrotó a todos sus adversarios sin asesinarlos, perdonándo-

10 Más allá del hielo

les la vida al final de cada combate, para impresionar así a la que fue su nueva esposa. Esperó después unos años, hasta el 99, para regresar a su país natal con un ejército, desafiando al rey de Noruega e intentando recuperar el trono que le había sido quitado injustamente a su padre. Haakon Jarl, que ostentaba el trono, temía ya su leyenda. Jamás hubo combate entre ambos, pues un esclavo decapitó a éste último por la noche. Cuando el traidor fue en busca de Olaf y le entregó la cabeza de su enemigo a cambio de una recompensa, el que sería nuevo rey no tendría piedad de él y mandó decapitarle. De ahí que la estatua que podemos ver de Olaf I de Noruega en la catedral de Nídaros, primer rey cristiano de este hermoso país, el monarca aparece con su espada en la mano y una cabeza humana en sus pies. Él fue quien fundó la ciudad de Trondeim, en las orillas del río Nidelva para que la historia de su tierra natal empezara de cero con un nueva religión al frente. Para dar constancia de su recién adquirida fe mandó asesinar a todas las sacerdotisas vikingas, las *volvas*, que fueron amarradas a las rocas de la playa en la bajamar. Al subir la marea el agua terminó con buena parte de unas creencias tan antiguas como misteriosas. Por este acto desmesurado y cruel, o por su incansable sed de poder, fue por lo que Dios le castigó. No se detuvo en Noruega e intentó unificar a todas las tribus vikingas bajo su trono y la cruz. Su desmesurado afán de conquista le costó la vida. En el año mil de nuestra era, justo el momento para el que muchos iba a ser el fin del mundo, su *drakar*, conocido por el nombre de Ormen Langue ("serpiente larga"), se perdió arrastrado por las corrientes durante la batalla de Svolder. La iglesia nunca le consideró santo ni mártir, tampoco hizo méritos para ello, sin embargo, este hombre rudo, astuto y cruel en muchos instantes de su vida, fue el primer rey de Noruega que no fue pagano.

De asesino a santo

La catedral de Nidaros fue y sigue siendo el centro de peregrinación más importante de la península escandinava por la obra de Olaf I, sino por la vida de uno de los descendientes de los clanes vikingos que se negaron en un principio a abrazar el cristianismo. Olaf Haraldson era tataranieto del rey Harald, educado en los preceptos más radicales de amor a la guerra partió con tan sólo once años de edad en sus primeras expediciones de saqueo hacia las costas del Báltico y de Gran Bretaña. Durante años asesinó, violó, raptó, extorsionó y llevó una vida consagrada a la piratería y a la rapiña. Nada hacía pensar que este hombre cruel pudiera sufrir una inexplicable transformación. Tras varios periplos de terror descansó para aprovisionarse en la ciudad normanda de Ruan, durante los años 1.013 y 1.014 permaneció en esta tierra donde ya había

muchos vikingos conversos. Escuchar las palabras de la biblia y los relatos acerca de la vida piadosa de los santos provocaron en él una auténtica metamorfosis. El mensaje de Cristo caló en lo más profundo de su ser. No hay otra manera de explicarlo, pues a riesgo de su propia vida volvió a Noruega y abandonó sus *drakar* en Inglaterra cambiándolos por barcos mercantes. Su mensaje era ahora la paz y no la violencia.

Intentó a toda costa que los *jarl*, jefes de los clanes, se convirtieran para unirlos en una nueva fe, y así fue como reclutó apoyos para expulsar a los daneses que en aquel momento gobernaban el país que le había visto crecer. Unió lazos de amistad con el rey de Suecia y se casó con su hija instaurando la concordia en el centro y sur de la península escandinava. En el año 1.015 ya era rey de Noruega, pero las tribus del norte se negaban a someterse al poder de un hombre que hablaba de una religión que despreciaba los antiguos dioses.

Desesperado ante la negativa de los bárbaros, tomó la espada y atacó con su ejército en una cruzada de la que apenas nada nos ha contado la historia. Olaf II impuso como única religión el cristianismo, mandato que muchos jamás le perdonaron. Trajo varios obispos y sacerdotes desde Inglaterra y mandó construir infinidad de iglesias para que desde ellas se publicara la nueva fe. Prohibió las violaciones y el rapto de mujeres, la poligamia y también los enterramientos en túmulos de piedra. Instauró la pena de muerte y la mutilación para todos aquellos que no acataran sus órdenes, incluidos los nobles. A partir de ese momento todos los cadáveres de los fallecidos debían tener su descanso eterno en terreno bendecido. Muchos le maldijeron por esta nueva decisión, pues los que morían ahora con la espada en la mano eran considerados criminales y sus cuerpos eran abandonados de manera indigna. Sus medidas fueron tan drásticas que el descontento hizo mella en una buena parte de la población, que seguía añorando los tiempos en los que la libertad y la fortuna dependían únicamente de la bravura con la que un hombre era capaz de utilizar sus armas.

Los rumores de impopularidad llegaron hasta la corte del rey Canuto II de Dinamarca e Inglaterra que, aprovechando la situación, fue con un ejército hasta Noruega, prometiendo a los antiguos *jarl* el poder que Olaf II les había quitado. El rey noruego tuvo que replegarse hasta Suecia con sus seguidores y desde allí planificó su ataque a los traidores y a las

tropas invasoras. La batalla en la que se decidiría su futuro fue la de Stiklestad, que tuvo lugar el 29 de julio de 1.029. Olaff II perdió aquel día la vida, pero con su muerte consiguió mucho más de lo que nadie hubiera imaginado.

Cuando su cadáver estaba todavía fresco sobre el campo de batalla, un labrador ciego cogió parte de su sangre con las manos y se las restregó por la cara. Unos segundos más tarde podía ver. Las noticias sobre el milagro recorrieron todo el país y al año varios fieles abrieron su tumba comprobando que su cadáver permanecía incorrupto. Lo transportaron hasta la antigua Nidaros y le dieron cristiana sepultura creando una pequeña capilla a su lado que se convirtió en poco tiempo en la catedral más importante de la península escandinava. Miles de nuevos cristianos llegaban todos los años en busca de los supuestos milagros que se producían en aquel lugar. Lo cierto es que sobre el cadáver de Olaf II se creó el sitio de peregrinación más importante que existe al norte de Europa. Fue además el primer vikingo reconocido como santo por la iglesia católica. La cristianización de Noruega era un acontecimiento ya imparable. Los prodigios y los favores que otorgaba aquel guerrero, después de muerto, acabaron con una antigua religión que sembró el terror en buena parte del mundo conocido.

Expedición a los **mundos perdidos**

La conquista de un mundo de hielo

He viajado en dos ocasiones a Noruega y en ambas he podido pernoctar en Tromso, la ciudad más al norte que existe en Europa. Durante mi estancia allí la aproveché para investigar y repasar la vida de uno de los exploradores más importantes del siglo XX, un hombre que rescató de sus ancestros vikingos la sed de aventura y que protagonizó uno de los episodios más fascinantes del siglo XX: la conquista de la Antártida. Este hombre no es otro que Roald Amundsen. El aventurero planificó en el frío de Tromso su asalto definitivo a la Antártida, siendo el primer hombre que pisó el sur del sur.

Hace exactamente cien años tuvo lugar una de las carreras más famosas de la historia. De un lado el marino británico Robert Falcon Scott, apoyado por la Royal Navy y el gobierno británico, que querían a toda costa llegar los primeros hasta el punto más al sur del planeta, pues ello les daría ventajas políticas en una posterior explotación de las riquezas minerales de estas nuevas tierras. Y por otra parte el explorador y aventurero Roald Amundsen, que con menos medios pero con mucho más ingenio acabó ganando esta singular partida.

10 Más allá del hielo

Los británicos no escatimaron esfuerzos. Un grupo de asesores que había recorrido los más diversos rincones del planeta aportó sus conocimientos. Para aguantar temperaturas, que podían llegar a los cincuenta grados bajo cero, trajeron caballos mongoles adaptados al viento gélido de los Himalayas. Los mejores ingenieros de la Royal Navy diseñaron pequeñas orugas mecánicas que podían avanzar por el hielo sin problema alguno. Sastres especializados en montaña diseñaron ropas térmicas. La ventaja británica parecía clara.

Amundsen, en cambio, no innovó para su viaje absolutamente nada. En su convivencia con los *inuit* del norte de Canadá y con los *samis* noruegos, aprendió de los dos pueblos más adaptados al frío del planeta cómo combatir las bajas temperaturas. Optó por llevar trineos tirados por perros groenlandeses, que en medio de la ventisca saben retornar por instinto al campamento base donde siempre se deja algo de alimento. Llevó un equipo mínimo de hombres e imprescindible también otro de canes a los que debería sacrificar en su viaje de vuelta. Su carne alimentaría a sus compañeros y al resto de perros, eliminando así la amenaza del escorbuto. Sus ropas se confeccionaron con piel de oso.

La carrera comenzó a finales de 1.910 y a principios de 1.911 las dos expediciones ya se habían establecido en la costa de la Antártida. Amundsen en la Plataforma de Hielo de Ross y Scott en la Bahía de las Ballenas, noventa y seis kilómetros más lejos de la meta, pero con un terreno menos encrespado por delante. Ambos viajeros comenzaron su particular batalla, estableciendo diferentes campamentos base.

10 Más allá del hielo

> *Amundsen llegó hasta el polo sur el 14 de diciembre de 1911, y allí dejó una tienda de campaña con una carta para Scott. Éste llegó treinta y cuatro días más tarde, pero jamás regresó.*

Amundsen se movía mucho más rápido que el británico y por peores caminos gracias a los perros. La aventura de Scott fue un sinfín de calamidades. Sus orugas mecánicas no sirvieron para nada pues los barriles de queroseno que llevaba para alimentarlas estaban soldados con estaño y este metal se rompió por las bajas temperaturas. Sus caballos murieron de frío a las pocas semanas, ya que el sudor se les congelaba en la piel y perecían envueltos en terribles dolores. Su ropa de diseño tampoco le sirvió, pues cuando arreciaba el viento el frío les calaba los huesos. Aún así, decidió ir andando hasta el extremo sur del planeta.

Amundsen llegó hasta el polo sur el 14 de diciembre de 1.911, y allí dejó una tienda de campaña con una carta para Scott. Éste llegó treinta y cuatro días más tarde, pero jamás regresó. Su cuerpo y el de sus compañeros fueron encontrados un año más tarde junto con su diario. Una de sus últimas frases fue: *"Estas notas borrosas y nuestros cadáveres contarán nuestra historia".*

Roald Amundsen es considerado un héroe por el pueblo noruego y por los habitantes de Tromso, donde podemos ver una estatua suya. Robert Falcon Scott también fue considerado un héroe por sus compatriotas, ya que aún a costa de su vida intentó su sueño hasta el final. Lo que la historia sí puso de manifiesto es que la sabiduría de los pueblos ancestrales está en muchas ocasiones por encima de la más pionera de las tecnologías.

No puedo terminar este capítulo sin hacer mención de lo que experimenta un viajero en las costas de Noruega. Sus fabulosos parajes vírgenes, la dureza de su mar helado y las paredes de roca de sus fiordos tienen el poder de transportarnos hasta el tiempo en que la aventura no era una pose, sino una forma de vida. El hombre no sería lo que es hoy si nuestros ancestros no hubieran tomado en muchas ocasiones un sendero hacia lo desconocido. Enfrentándonos a lo ignoto es como superamos nuestros propios miedos. Gra-

Expedición a los **mundos perdidos**

10 Más allá del hielo

cias a este impulso conquistamos el mundo, pero hay algo mucho más importante. Viajar nos hace mejores personas, porque cada vez que superamos una dificultad, un imprevisto, un revés, nos hacemos más fuertes, más sabios. Y es que la vida no es más que un viaje con rumbo a lo desconocido.

En el barrio de Prosperidad, Madrid, a las 14:31 del día 22 de mayo de 2.014. El cielo está gris y amenaza tormenta. Todo me empuja a irme de aquí.